Thomas Dräger

Egbert Rumpf-Rometsch

Das Recht

Ein Basisbuch

Arbeitstechnik Zivilrecht

Sprache Strafrecht

Grundbegriffe Öffentliches Recht

Fallbeispiele

1. Auflage

derfall fallag

Für Jana !

Lyrik

Die Basis sprach zum Überbau:
„Die bist ja heut schon wieder blau!"
Da sprach der Überbau zur Basis:
„Was is?" (Robert Gernhardt)

Druck und Verarbeitung

CPI – Ebner & Spiegel, Ulm

Umschlag

Marion Volkmer visuelle kommunikation, Düsseldorf

Internet

www.fall-fallag.de

Bezug für den Buchhandel

SIGLOCH Distribution, Blaufelden

ISBN 978-3-932944-50-5
Dräger / Rumpf-Rometsch •
Das Recht – Ein Basisbuch • 1. Auflage • 2013

Vorwort

Es gibt Momente, da stimmt einfach alles:

Das Land, die Leute und das Basisbuch!

Der Markt ist voll mit Ausbildungsliteratur rund um das Recht. Fast jede Nische ist mehrfach besetzt, die meisten Werke ähneln sich dabei sehr. Das Motto vieler Autoren und Dozenten scheint nämlich zu sein:

Besser keine neuen Gedanken, bevor die alten aufgebraucht sind!

Nun, auch wir erfinden das Rad nicht neu. Aber wir hätten dieses Buch nicht geschrieben, wenn es bereits ein rundum gelungenes Grundlagenbuch für das gesamte Recht gegeben hätte.

- Die Ansprüche der anderen

In einigen Büchern werden mehr oder weniger unausgegoren „Tipps" aneinandergereiht. Die Ratschläge sind teilweise hilfreich, vielfach aber auch atemberaubend banal (z.B. „Fehler unterlassen!"). Dabei fällt gelegentlich der Versuch auf, inhaltliche Magerkost durch grafische Überfrachtung aufzupeppen.

Einige Werke befassen sich nur mit dem Grundwissen zu einem Rechtsgebiet (etwa zum Zivilrecht), setzen dabei aber Arbeitstechnik und Sprachfähigkeiten wie selbstverständlich voraus.

Andere Bücher wiederum beschränken sich auf Methodenlehre, Lerntechniken, Strategie und/oder Zeitplanung, vernachlässigen dabei aber den Stoffbezug.

So reitet jeder Autor sein Steckenpferd. Die meisten werden dabei viel zu weitschweifig. Mancher fängt sogar buchstäblich bei Adam und Eva an:

Vorwort

> Am Anfang war Adam allein ... Egal welches Interesse er gerade hatte – er konnte es ausleben. Dann kam Eva ... Sie hatten Interessenkonflikte ...

Andere lassen sich dazu hinreißen, ein sogenanntes Starterbuch unter dem Stichwort „Das juristische Basiswissen" mit umfangreichen Ausführungen zur Rechtsgeschichte zu füllen. Das mag ja für sich genommen ganz interessant sein, die Nutzanwendung geht aber gegen Null.

Vieles scheint mit der heißen Nadel gestrickt zu sein. Das Muster sieht so aus:

> In einem Basisbuch kann naturgemäß nur ein Bruchteil des Gesamtstoffes dargestellt werden. Dann greife ich mir eben einfach nach persönlichen Vorlieben oder nach dem Zufallsprinzip von jedem Acker einen Klumpen heraus und schreibe dazu etwas.

- Unser Anspruch

Wir haben bewusst keinen solchen Schnellschuss abgegeben. Das Buch ist vielmehr gereiftes Ergebnis didaktischer Erfahrung aus vielen Jahren als Leiter von Arbeitsgemeinschaften, Seminaren und anderen Lehrveranstaltungen.

Daraus hat sich ein Konzept entwickelt, bei dem zunächst methodische Grundlagen geschaffen werden (Arbeitstechnik und Sprache), die dann bei den klassischen Rechtsgebieten angewandt und geübt werden können. Zivilrecht, Strafrecht und Öffentliches Recht werden vor allem anhand zentraler Begriffe und durch viele Fallbeispiele vermittelt.

Wer ein überschaubares Basisbuch zum gesamten Recht schreiben will, muss sich inhaltlich stark beschränken. Umso wichtiger ist die gezielte und ausgewogene Schwerpunktsetzung. An sinnvollen Stellen haben wir inhaltliche Parallelen hervorgehoben. Es gibt Bezüge und Wiederholungselemente, die den Lernerfolg fördern.

Vorwort

Dem Klischee nach ist das Recht bekanntlich trocken. Tatsächlich kann aber auch ein seriöses Jura-Buch in gewissen Grenzen unterhaltsam sein. Wir wagen es, in diesem Zusammenhang von „Lernspaß" zu sprechen, der zumindest punktuell aufblitzen sollte.

- Der Anspruch des Lesers an sich selbst

Auch das beste Konzept, eine gelungene Umsetzung in den Details und vielleicht das eine oder andere Unterhaltungselement machen ein solches Werk nicht zum mühelosen Selbstläufer.

Wer die Rechtsanwendung wirklich verstehen möchte und das Buch dazu effektiv nutzen will, muss tätig sein. Er oder sie muss – so ernüchternd das klingen mag – mit dem Buch arbeiten: Genannte Vorschriften (Paragrafen) sollen gelesen werden, Fallbeispiele sollen möglichst durchdacht werden (nicht nur „angedacht"), Unterschiede und Gemeinsamkeiten sollen herausgearbeitet werden.

Gezieltes, aktives Lernen ist und bleibt der entscheidende Schlüssel zum Verständnis!

Wir alle müssen dafür manchmal eine gewisse Antriebsschwäche überwinden.

Aber es lohnt sich!

Cottbus und Köln, im vom Papstrücktritt nur mäßig bewegten Frühjahr 2013

Thomas Dräger
Egbert Rumpf-Rometsch

Kontakt: lobundtadel@fall-fallag.de

www.fall-fallag.de

Inhaltsverzeichnis

Inhaltsverzeichnis

Inhaltsverzeichnis

Inhaltsverzeichnis

Inhaltsverzeichnis

Inhaltsverzeichnis

Inhaltsverzeichnis

Teil 5: Grundlagen des öffentlichen Rechts 185

Inhaltsverzeichnis

Jetzt aber …

Teil 1: Die Rechtsordnung ... unendliche Weiten ... ein erster Überblick

Die Rechtsordnung eines Staates kann man als die Summe der geltenden Rechtsnormen beschreiben. Diese Rechtsnormen bilden das objektive Recht.

A. Das objektive Recht

I. Gesetze als Hauptquelle des objektiven Rechts

Nach Art. 20 Abs. 3 GG (also nach dem Grundgesetz, unserer Verfassung) besteht eine Bindung der öffentlichen Verwaltung und der Rechtsprechung an *Gesetz und Recht*. Durch diese Formulierung kommt zum Ausdruck, dass es auch verbindliches Recht jenseits der Gesetze im materiellen Sinne geben kann und muss. Es kann also unter bestimmten Voraussetzungen vorkommen, dass ungeschriebenes Recht zu beachten ist.

Dennoch ist **das geschriebene Recht der weit überwiegende Teil unserer Rechtsordnung**. Zum geschriebenen (positiven) Recht gehören neben den Gesetzen im formellen Sinne auch Rechtsverordnungen und Satzungen.

Das ungeschriebene Gewohnheitsrecht ist in unserem System die große Ausnahme, spielt aber in speziellen Fallkonstellationen eine wichtige Rolle. Es hat nämlich denselben Rang wie das Gesetzesrecht. Gewohnheitsrecht entsteht durch ständige praktische Übung und allgemeine Rechtsüberzeugung. Diese allgemeine Rechtsüberzeugung kommt dann in ständigem Gerichtsgebrauch zum Ausdruck.

Wichtiges und plastisches **Beispiel für Gewohnheitsrecht** ist das aus Art. 1 Abs. 1 GG und Art. 2 Abs. 1 GG abgeleitete **allgemeine Persönlichkeitsrecht.**

? A ist unverhofft durch die Ernennung zum Minister überregional bekannt geworden. Dies nimmt Klatschreporter B zum Anlass, ein frei erfundenes Interview mit A in der Sensationspresse zu veröffentlichen, in dem A unter anderem (vermeintlich) pikante Details aus seinem Privat- und Intimleben preisgibt. A verlangt nun von B unter den Gesichtspunkten der Genugtuung und der Prävention eine Geldentschädigung (sog. Nichtvermögensschaden).

! Das geschriebene Privatrecht kennt und schützt unmittelbar nur besondere Persönlichkeitsrechte (im Bürgerlichen Gesetzbuch das Namensrecht, § 12 BGB). Über das allgemeine Persönlichkeitsrecht als gewohnheitsrechtlich anerkannte Figur wird ein Schutz gemäß § 823 Abs. 1 BGB gewährt. Einschlägige Fälle können sachgerecht gelöst werden. So stünde in unserem Fallbeispiel dem Minister A ein Schadensersatzanspruch wegen Verletzung des allgemeinen Persönlichkeitsrechts zu.

Fassen wir zusammen: **Verfassung, Gesetze, Rechtsverordnungen, Satzungen und Gewohnheitsrecht bilden die Rechtsordnung, das objektive Recht.**

II. Rechtliche Gebote und Verbote
... ein kleiner Ausflug in die Welt der Logik

Gegenstand des objektiven Rechts sind Anweisungen, wie sich die Menschen zu verhalten haben. **Was rechtlich geboten ist, hat man zu tun, was rechtlich verboten ist, hat man zu lassen.**

Für das Grundverständnis lohnt es sich, das logische Verhältnis von Gebot, Verbot und Erlaubnis unter die Lupe zu nehmen:

Zwischen rechtlichem **Gebot und Verbot** besteht ein **konträrer Gegensatz**. Ein bestimmtes Verhalten kann nicht zugleich geboten und verboten sein. Es kann aber sein, dass etwas weder geboten noch verboten ist. Dann bewegt man sich auf rechtlich nicht geregeltem Boden.

? Wenn der Nachbar N stets Pakete für den regelmäßig tagsüber abwesenden A entgegennimmt, liegt es nahe, ihm dafür bei Gelegenheit mit einem kleinen Geschenk zu danken.

! Eine solche „kleine Aufmerksamkeit" dürfte den Sitten und Gebräuchen entsprechen, vielleicht sogar moralisch geboten sein. Ein rechtliches Gebot gibt es hier aber ebenso wenig wie ein Verbot.

Ein sogenannter **kontradiktorischer** (nicht nur konträrer) **Gegensatz** besteht zwischen **Verbot und Erlaubnis**. Jegliches Verhalten ist immer entweder verboten oder erlaubt. Wenn beispielsweise ein Tatbestand wie die Notwehr ein an sich verbotenes Verhalten aufgrund der besonderen Umstände erlaubt, ist es nicht verboten (§ 227 BGB = § 32 des Strafgesetzbuchs, StGB / klassischer Rechtfertigungsgrund). Die Besonderheit des kontradiktorischen Gegensatzes besteht nun darin, dass es keine Grauzone, keine dritte Variante bezogen auf die Begriffe Verbot und Erlaubnis gibt. Alles, was nicht verboten ist, ist erlaubt (zumindest rechtlich). In dem Beispiel mit dem hilfreichen Nachbarn ist das Geschenk rechtlich nicht geboten, aber eben auch nicht verboten. Also ist es erlaubt.

Man hüte sich allerdings vor übereilten Verallgemeinerungen: Es ist nicht etwa so, dass Geschenke ausnahmslos erlaubt sind. Gegenüber Amtsträgern kann man sogar in den Bereich strafbarer Verbote geraten (Vorteilsgewährung und Bestechung / §§ 333 f StGB).

Derartige logische Beziehungen wirken sich auch auf die Sprache des Rechtsanwenders aus. Dass man logisch richtig formulieren sollte, ist eigentlich eine Selbstverständlichkeit.

Aber es wird immer wieder gegen die Logik verstoßen:

? Es soll „streng verboten" oder gar „strengstens verboten" sein, vom Beckenrand zu springen, den Rasen zu betreten, außerhalb der als Raucherzonen markierten Bahnsteigbereiche zu rauchen usw.

! Wegen des kontradiktorischen Gegensatzes zwischen Erlaubnis und Verbot kann etwas nur verboten oder erlaubt sein, nicht „streng" oder „weniger streng" verboten.

Logisch falsch ist also auch folgende Formulierung:

? Die griechische Regierung hat sich zu diesem Zeitpunkt noch „vollkommen legal" verhalten, als sie ...

! Entweder war das Verhalten legal oder illegal, „vollkommen legal" kann es logisch nicht geben.

Wer diese **Beispiele zur praktischen Anwendung logischer
Überlegungen** als allzu pedantisch empfindet, ist noch nicht im
Kosmos der Rechtsanwendung angekommen. Aber was nicht
ist, kann ja noch werden ...

Auf die wesentlichen Anforderungen zu **Präzision und Klarheit
im Denken wie in der Sprache** gehen wir unten ausführlicher
ein (Seiten 66 ff).

III. Die Grobeinteilung des objektiven Rechts

Nach der klassischen Einteilung in der juristischen Ausbildung
gibt es drei große Abteilungen, nämlich das Zivilrecht (= Privatrecht), das Strafrecht und das öffentliche Recht.

1. Das Zivilrecht

Der **Kern des Zivilrechts ist das Bürgerliche Gesetzbuch
(BGB)**, es gibt aber praktisch bedeutsame **Nebengesetze** (z.B.
das Straßenverkehrsgesetz, StVG oder das Produkthaftungsgesetz, ProdHaftG). Zudem gibt es **Sonder-Rechtsgebiete**. Zu
diesen besonderen Bereichen zählen das Handelsgesetzbuch
(HGB) mit seinen Nebengesetzen (Sonderrecht der Kaufleute),

Teil 1: Die Rechtsordnung ... Überblick

das Sonderrecht der Urheber und Erfinder, der Versicherungs-
wirtschaft usw. Last not least ist hier das Arbeitsrecht zu erwähnen, das von den Grundregeln her zwar nach wie vor im BGB
geregelt ist (§§ 611 ff BGB), aber eine gesonderte Fachrichtung
mit eigener Gerichtsbarkeit hervorgebracht hat (Arbeitsgerichte).

2. Das Strafrecht

Es bereitet keine Schwierigkeiten, das Strafrecht vom Zivilrecht
abzugrenzen. **Kern des (materiellen) Strafrechts ist das
Strafgesetzbuch (StGB)**. Darüber hinaus gibt es eine Vielzahl
von Straftatbeständen in Nebengesetzen, wie etwa dem Betäu-
bungsmittelgesetz (BtMG) oder dem Ausländergesetz (AuslG).

3. Das öffentliche Recht

Das öffentliche Recht besteht im Kern aus **Verfassungsrecht**
(hier ist vor allem das Grundgesetz zu nennen, auf Länderebene die Länderverfassungen) und **Verwaltungsrecht** (auf Bundesebene etwa Verwaltungsverfahrensgesetz, VwVfG und das
BauGB, in vielen Bereichen Länderrecht, z.B. Polizeigesetze).
**Kennzeichen des öffentlichen Rechts ist ein grundsätzli-
ches Über- und Unterordnungsverhältnis zwischen dem Hoheitsträger** (Staat / Gemeinde) **und den Bürgern**. Im Gegensatz dazu stehen sich im Zivilrecht die Rechtssubjekte (Personen) grundsätzlich gleichrangig gegenüber, wenn es beispielsweise zu einem Vertragsschluss kommt oder wenn es um die
(privatrechtlichen) Folgen eines Verkehrsunfalls geht.

Das Strafrecht zählt wegen des Über- und Unterordnungsver-
hältnisses formal auch zum öffentlichen Recht.

Trotz erheblicher Unterschiede zwischen den großen Rechtsgebieten sind die Abteilungen doch miteinander verknüpft ...

IV. Die Einheit der Rechtsordnung

Man darf sich die Einteilung der Rechtsgebiete nicht so vorstellen, dass sich die „Blöcke" isoliert gegenüberstünden. Es gibt vielmehr **zahlreiche Querverbindungen**:

So sind die **Grundrechte** (auf Bundesebene im Grundgesetz enthalten) zwar in erster Linie sogenannte Abwehrrechte gegen den Staat, sie wirken sich aber zivilrechtlich vielfältig aus, konkret beispielsweise in der bereits erwähnten Rechtsfigur des allgemeinen Persönlichkeitsrechts (siehe Seite 16).

Im Strafrecht spielen wegen der Einheit der Rechtsordnung oft spezielle Rechtfertigungsgründe aus dem BGB eine eigenständige Rolle, beispielsweise § 904 S. 1 BGB oder § 228 S. 1 BGB.

Bemerkenswerterweise enthält auch das BGB vereinzelt öffentliches Recht. § 1785 BGB regelt die staatsbürgerliche Pflicht zur Übernahme der Vormundschaft (vgl. auch §§ 1780 bis 1784 BGB sowie §§ 1786 bis 1788 BGB und – zur anders gestalteten Regelung im Bereich des Betreuungsrechts – § 1898 BGB).

V. Das Verfahrensrecht (Prozessrecht)

Verfahrensrecht regelt für die genannten materiell-rechtlichen Gebiete jeweils gesondert, nach welchen Grundsätzen und auf welche Weise das Recht durchzusetzen ist. Im Zivilprozess gilt die Zivilprozessordnung (ZPO), im Strafprozess die Strafprozessordnung (StPO), für das Verfassungsrecht des Bundes das Bundesverfassungsgerichtsgesetz (BVerfGG), für das Verwaltungsrecht die Verwaltungsgerichtsordnung (VwGO) und so weiter …

Das gesamte Verfahrensrecht (also z.B. auch die ZPO) ist formal öffentliches Recht (s.o.).

B. Die subjektiven Rechte

Aus der Rechtsordnung, dem objektiven Recht, leiten sich **subjektive Rechte** von Personen ab. Das sind vor allem **Ansprüche** (Definition in § 194 Abs. 1 BGB, lesen!), aber auch **Persönlichkeitsrechte, dingliche Rechte und Gestaltungsrechte.**

? V verlangt von M Zahlung der vereinbarten Miete.

! Es geht dabei um ein subjektives Recht in Form eines Anspruchs aus dem Mietvertrag in Verbindung mit § 535 Abs. 2 BGB.

Im **Bereich der sogenannten gebundenen Verwaltung** hat der Bürger auch im öffentlichen Recht einen Anspruch auf die entsprechende Leistung, ein **subjektiv-öffentliches Recht.**

? § 19 Abs. 1 S. 1 Sozialgesetzbuch (SGB) XII. Danach *ist* bedürftigen Personen Hilfe zum Lebensunterhalt zu gewähren.

! Die Verwaltung ist gebunden, es besteht kein Ermessen, da es im Gesetz nicht etwa „... kann gewährt werden ..." heißt. Deshalb hat die bedürftige Person unter den gesetzlichen Voraussetzungen einen Anspruch auf Hilfe zum Lebensunterhalt.

Der Gegenbegriff zur gebundenen Verwaltung ist die Ermessensverwaltung. Wir werden auf diese wichtige Unterscheidung zurückkommen.

Die subjektiven Rechte sind in aller Regel der **Ansatzpunkt für zivilrechtliche Prüfungen**.

Dieser Gedanke führt uns nahtlos zum nächsten großen Abschnitt, nämlich zur Rechtsanwendung und damit konkret zur juristischen Arbeitstechnik.

Teil 2: Die Arbeitstechnik: Juristisches Denken, Prüfen und Schreiben

Die juristische Arbeitstechnik ist in allen Rechtsgebieten gleich.

A. Die Rechtsanwendung

Rechtsnormen (insbesondere also geschriebenes Recht, siehe Seite 15) sind **abstrakt-generell**. Sie beziehen sich naturgemäß auf eine unbestimmte Vielzahl von Personen und eine ebenso unbestimmte Vielzahl von Fällen. Die Rechtsnormen müssen konkret angewendet werden.

I. Die Fallfragen

Im **Zivilrecht** ist Ausgangspunkt der Rechtsanwendung in der Regel die **Frage nach einem konkreten Anspruch** (§ 194 Abs. 1 BGB) auf der Grundlage eines geschilderten Sachverhalts.

> ✖ Weil F das Rotlicht der Ampel übersehen hat, stößt er mit seinem VW-Golf auf der Kreuzung mit dem Mercedes des A zusammen. An beiden Fahrzeugen entstehen Sachschäden. [im Ernstfall folgen Ausführungen zum Unfallhergang und zu den entstandenen Schäden]
>
> Hat A gegen F wegen des Verkehrsunfalls einen Anspruch auf Ersatz der für die Reparatur seines Fahrzeugs erforderlichen Kosten (hier Vermögensschaden)?

Hat vielleicht auch umgekehrt F gegen A einen Schadensersatzanspruch?

Manchmal wird allgemein nach der „Rechtslage" gefragt. Dann sind alle ernsthaft in Betracht kommenden Ansprüche der beteiligten Personen zu prüfen.

Im **Strafrecht** wird in der Regel die **Frage nach einer konkreten Strafbarkeit** auf der Grundlage eines geschilderten Sachverhalts gestellt.

✖ S sperrt seinen Kumpel K für die Dauer einer Stunde in der Besenkammer ein.
Wie hat sich S strafbar gemacht?

Mit der allgemeinen „Wie-Frage" ist nicht etwa die Vorstellung verbunden, dass zumindest ein Straftatbestand erfüllt sein muss. Das Ergebnis kann bei dieser Frageart auch sein, dass keine Strafbarkeit vorliegt. Die übliche „Wie-Frage" steht also sinngemäß für das sprachlich korrekte aber sperrige Fragenfeuerwerk *Hat sich S strafbar gemacht? Wenn ja, wie? Wenn nein, warum nicht?*

Manchmal ist konkret nach einem bestimmten Straftatbestand gefragt.

✖ Hat sich S gemäß § 239 Abs. 1 StGB strafbar gemacht?

Teil 2: Die Arbeitstechnik

Wenn es um **Verfassungsrecht** geht, wird die Fallfrage oft aus der Sicht des Verfassungsgerichts gestellt.

> ✖ B lebt das Motto „Inzest is a happy game, the whole family can play". Er vollzieht trotzt vorheriger einschlägiger Verurteilungen weiter den Beischlaf mit seiner Schwester S. Das Amtsgericht verurteilt B wieder einmal wegen Geschwisterinzests gemäß § 173 Abs. 2 S. 2 StGB. Die Sprungrevision zum Oberlandesgericht bleibt erfolglos. B erhebt daraufhin Verfassungsbeschwerde zum Bundesverfassungsgericht. Er meint, § 173 Abs. 2 S. 2 StGB verstoße u.a. gegen das in Art. 2 Abs. 1 GG i.V.m. Art. 1 Abs. 1 GG verankerte Grundrecht der sexuellen Selbstbestimmung und sei darüber hinaus von der Rechtsfolge her (als Strafvorschrift) unverhältnismäßig. Schließlich greife eine strafrechtliche Verurteilung auf Basis des § 173 Abs. 2 S. 2 StGB in das Grundrecht aus Art. 6 Abs. 1 GG ein.
> Hat die Verfassungsbeschwerde Aussicht auf Erfolg?

Der 2. Senat des Bundesverfassungsgerichts hat die Verfassungsbeschwerde zurückgewiesen (Beschluss vom 26.02.2008, 2 BvR 382/07). Allerdings gibt es dazu ein sehr engagiertes und beachtliches Sondervotum des von der Senatsmehrheit überstimmten damaligen Senatsvorsitzenden.

Ausgangspunkt der Rechtsanwendung im **Verwaltungsrecht** kann die Frage nach der Rechtmäßigkeit eines Verwaltungsakts sein. Wesentlich häufiger als im Zivil- oder Strafrecht hat man es aber auch im Verwaltungsrecht (wie im Verfassungsrecht) mit einer **prozessualen Einkleidung** zu tun.

✖ Gastwirt G wendet sich mit einer Klage vor dem zuständigen Verwaltungsgericht gegen eine schriftliche Ordnungsverfügung, mit der ihm die Gaststättenerlaubnis widerrufen worden ist. [im Ernstfall folgen Ausführungen zum Hintergrund]
Hat die Klage Aussicht auf Erfolg?

II. Der Einklang zwischen konkretem Sachverhalt und abstrakter Norm

Auf Basis einer Fallfrage besteht die Rechtsanwendung darin, einen **konkret-individuellen Lebensvorgang mit abstrakt-generellen Normen in Einklang** zu bringen.

Dazu muss man **passende Vorschriften** erst einmal kennen oder (häufiger) **finden**.

Das kann mit der **Inhaltsübersicht** eines Gesetzes gelingen. So widmet sich etwa ein ganzer Teil des Verwaltungsverfahrensgesetzes (VwVfG) systematisch dem Verwaltungsakt (in der Inhaltsübersicht des Gesetzes Teil III.).

Meist schneller und zuverlässiger kommt man jedoch durch einen Blick in das **Sachverzeichnis** der Gesetzessammlungen zum Ziel. Wer etwa nach „Besitz" sucht, landet über das Sachverzeichnis der BGB-Textsammlung (dtv) oder auch des Schönfelders (Deutsche Gesetze) bei § 854 BGB.

❓ Verkäufer V verlangt von Käufer K Zahlung des vereinbarten Kaufpreises.

Teil 2: Die Arbeitstechnik

! Hier führt die Suche nach einer Anspruchsgrundlage zu § 433 Abs. 2 BGB.

Über diese Anspruchsgrundlage braucht ein Jurastudent bereits im ersten Semester nicht mehr lange nachzudenken. Aber **Achtung:**

Es ist eine nicht versiegende Fehlerquelle, dass Vorschriften bei der Fallbearbeitung nicht mehr gelesen werden, weil man meint, den Regelungsinhalt durch häufige Übung auswendig zu kennen. Immer wieder bewahrheitet sich der Merksatz:

✖ Ein Blick ins Gesetz erleichtert die Rechtsfindung!

Auch „alte Hasen" stellen fest, dass mitunter mehr im Gesetz steht, als man dachte oder in Erinnerung hatte. Es kann dann durchaus peinlich sein, sich im Gespräch über ein Rechtsproblem die **Kulturtechnik des Lesens** empfehlen lassen zu müssen:

? Zwei Jurastudenten diskutieren bei einer Hausarbeit den Straftatbestand der Fälschung von Gesundheitszeugnissen *zur Täuschung von Behörden*, § 277 StGB. Es stellt sich die Frage, ob auch ein Gericht eine Behörde im strafrechtlichen Sinne ist.

! Oh Antwort, oh Antwort, wie harren wir deiner. Und kommst du vorbei, so sieht dich doch keiner. § 11 Abs. 1 Nr. 7 StGB bejaht diese Frage in ergreifender Schlichtheit: *Behörde* im Sinne des StGB ist *auch ein Gericht*.

Das funktioniert natürlich nicht immer so. Das Leben ist bunt und vielfältig, es kann – selbst wenn man es wollte – nicht jeder Zweifelsfall im Gesetz geregelt sein:

? Bei anderer Gelegenheit – sagen wir auf den Spuren einer falschen Verdächtigung *bei einer Behörde*, § 164 Abs. 1 StGB – muss entschieden werden, ob eine Handwerkskammer Behörde im strafrechtlichen Sinne ist.

! Hierzu findet man keine Antwort im Gesetz, der Rechtsbegriff *Behörde* muss ausgelegt werden (zur Methode der Auslegung später ausführlich). Die Handwerkskammer ist übrigens in einer älteren Gerichtsentscheidung als Behörde angesehen worden.

Kein auch noch so fähiger Jurist kann gedanklich alles auf dem Schirm haben, nicht einmal in „seinem Rechtsgebiet". Deshalb ist jeder auf **Suchmethoden** angewiesen. Sie zu beherrschen ist **unerlässlich**.

Das folgende Beispiel wirkt auf den ersten Blick exotisch. Allerdings ist die Aufgabe auch ohne Spezialkenntnisse lösbar, wenn man die richtigen Vorschriften aufspürt und sich eng an ihnen orientiert. Dieses „schulmäßige" Arbeiten gelingt dem Anfänger nicht sofort, sondern will erlernt sein.

? Steuerberater S führt auf seinem Briefkopf den in seinem Fall in der Sache zutreffenden Zusatz „Vorsitzender Richter a.D." Dem Mitbewerber M ist das ein Dorn im Auge. Was kann er rechtlich gegen das Verhalten des S tun? (nach OLG Karlsruhe, Urteil vom 22.08.2012, 4 U 90/12)

Teil 2: Die Arbeitstechnik

! Nun, wo setzt man da an? Es könnte um eine unlautere geschäftliche Handlung gehen, die als solche nach § 3 Abs. 1 des Gesetzes gegen den unlauteren Wettbewerb (UWG) unzulässig wäre. Rechtsfolge einer solchen Unzulässigkeit wäre u.a. ein Unterlassungsanspruch, der insbesondere Mitbewerbern zustünde (§ 8 Abs. 1, Abs. 3 Nr. 1 UWG). Das gibt uns schon einmal einen guten Ansatz, beantwortet unsere Frage aber noch nicht konkret.

Wo könnte etwas zu Bezeichnungen und deren Zusätzen speziell bei Steuerberatern stehen? Richtig, im Steuerberatungsgesetz (StBerG) wird man fündig. § 43 StBerG mit der treffenden Überschrift *Berufsbezeichnung* weist uns den Weg. Besonders passend sieht § 43 Abs. 2 StBerG aus: *Die Führung weiterer Berufsbezeichnungen ist nur gestattet, wenn sie amtlich verliehen worden sind. Andere Zusätze und der Hinweis auf eine ehemalige Beamteneigenschaft sind im beruflichen Verkehr unzulässig.* „Vorsitzender Richter a.D." ist schon keine Berufsbezeichnung, sondern Teil der Amtsbezeichnung i.S.d. § 19 a des Richtergesetzes (DRiG). Der ehemalige Beruf des S war schlicht „Richter". Als solcher hatte S zwar keine „Beamteneigenschaft" (Richter sind unabhängig und nicht wie Beamte weisungsgebunden). In der Sache kommt der Zusatz „Vorsitzender Richter a.D." aber dem in § 43 Abs. 2 S. 2 StBerG beispielhaft genannten Hinweis auf eine „ehemalige Beamteneigenschaft" sehr nahe. Deshalb handelt es sich um einen nach § 43 Abs. 2 S. 2 StBerG unzulässigen Zusatz, nicht um eine möglicherweise gemäß § 43 Abs. 2 S. 1 StBerG zulässige *weitere Berufsbezeichnung*.

So weit, so gut: Jetzt fehlt noch die Verbindung von dem nach § 43 Abs. 2 S. 2 StBerG unzulässigen Zusatz zur unlauteren Handlung. § 4 UWG liefert dankenswerterweise eine ganze Reihe von Beispielen für unlautere geschäftliche Handlungen. Es wäre doch gelacht, wenn nichts Einschlägiges dabei wäre. Und siehe da, § 4 Nr. 11 UWG sieht gut aus: *Unlauter handelt, wer einer gesetzlichen Vorschrift zuwiderhandelt, die auch dazu bestimmt ist, im Interesse der Marktteilnehmer das Marktverhalten zu regeln.* Eine solche gesetzliche Vorschrift ist § 43 StBerG, sodass § 4 Nr. 11 UWG für den Beispielsfall die entscheidende Verbindung zwischen StBerG und UWG ist. Gäbe es § 4 Nr. 11 UWG nicht, müsste man sich mit dem allgemein gehaltenen § 3 Abs. 1 UWG begnügen.

M hat nach alledem gegen S einen Anspruch auf Unterlassung der Verwendung des Zusatzes „Vorsitzender Richter a.D." gemäß § 8 Abs. 1, Abs. 3 Nr. 1, § 3 Abs. 1, § 4 Nr. 11 UWG i.V.m. § 43 Abs. 2 StBerG.

Keine Angst: Dem juristischen Laien ist es nicht ohne Weiteres möglich, derartige Prüfungen zielsicher anzugehen und durchzuziehen. Zunächst einmal genügt es, die an dieser Stelle relativ komplexen Überlegungen als erstes Beispiel für die **Arbeit eng am Gesetz** nachzuvollziehen.

Durch Übung wird man Stück für Stück sattelfester. Dabei empfiehlt es sich, den jeweiligen Sachverhalt sorgfältig mit den passenden Vorschriften in Einklang zu bringen.

Wer nur sprunghaft von einem Fall zum nächsten Beispiel übergeht, arbeitet unter dem Strich kapazitätsvergeudend.

Wer hingegen konzentriert lernt, ohne sich den Teller übertrieben mit Stoff vollzupacken, profitiert auf lange Sicht von einem deutlich besseren Lerneffekt.

Teil 2: Die Arbeitstechnik

III. Die Gutachtentechnik

Die **juristische Prüfung** findet – zumindest gedanklich – in der sogenannten **Gutachtentechnik** statt. Gemeint ist damit, dass ergebnisoffen auf der Basis einer Hypothese geprüft wird. Man spricht von einem juristischen Syllogismus. Vom schwer verständlichen Fachbegriff zum einfachen Beispiel:

> ✖ *B könnte Besitzer des Fahrrads sein.* (Hypothese)
>
> *Besitzer ist gemäß § 854 Abs. 1 BGB, wer die tatsächliche Gewalt über die Sache ausübt.* (Definition)
>
> *B nutzt das Fahrrad dauerhaft und übt damit die tatsächliche Gewalt darüber aus.* (Subsumtion)
>
> *Also ist B Besitzer des Fahrrads.* (Ergebnis)

Im Gegensatz dazu die – wesentlich kürzere – Darstellung im **Urteilsstil**, also vom bereits gefundenen Ergebnis her:

> ✖ *B ist Besitzer des Fahrrads, weil er es dauerhaft nutzt und damit die tatsächliche Gewalt darüber ausübt, wie es § 854 Abs. 1 BGB für den Besitz an einer Sache voraussetzt.*

Ein wirklich unproblematisch erfülltes Merkmal wird im Sinne der Schwerpunktsetzung auch in Prüfungsarbeiten nur kurz festgestellt. Wenn jegliche Begründung fehlt, ist diese Passage weder im Gutachtenstil noch im Urteilsstil gehalten:

> ✖ *Das Fahrrad ist eine Sache.*

IV. Die Rechtsanwendung ist keine exakte Wissenschaft, aber logisch und rational

Die sogenannte Rechtswissenschaft und damit auch die praktische Rechtsanwendung ist keine naturwissenschaftlich exakte Methode nach dem Muster „1 + 1 = 2".

Ob man es mag oder nicht: Die Rechtsanwendung ist ein **zweckgerichtetes und wertendes Verfahren**. Das darf allerdings nicht dahin missverstanden werden, dass ein beliebiges Chaos herrscht. Die juristische Methode folgt logischen Grundsätzen, sie ist **rational**. Es gilt insbesondere, den **Kontakt zum Gesetz so eng wie möglich** zu halten und nicht frei herumzulavieren. So haben wir es erstmals ausführlich bei dem „Steuerberater-Fall" demonstriert (Seiten 29 ff).

Man kann es auch so auf den Punkt bringen:

> ✖ **Rechtsanwendung** ist keine mathematisch exakte Methode, aber eben auch **kein Voodoo!**

Diese Feststellung wird kaum überraschen, kann aber nicht oft genug hervorgehoben werden. Das gilt umso mehr in Zeiten einer deutlichen **Entwicklung hin zu einer postrationalen Gesellschaft**, in der beispielsweise wegen der angeblichen Verheißung aus einem Maya-Kalender mehr oder weniger ernsthaft über den vermeintlichen Weltuntergang am 21. Dezember 2012 diskutiert wurde.

So mancher fasst sich an den Kopf und greift ins Leere ...

Teil 2: Die Arbeitstechnik

V. Auf die Grundannahme kommt es an ...

Das folgende Beispiel zeigt sehr deutlich, wie sehr es auf die **Qualität der Grundannahme** ankommt.

Wohlgemerkt: Die Geschichte ist wahr. Die Realität überholt hier die Satire.

? Eine Gruppe fundamentalistischer Christen glaubt daran, dass Jesus zum „zweiten Mal" auf der Erde erscheinen werde und dass er bei der „Auffahrt zum Himmel" alle hinreichend und „richtig" Gläubigen mitnehmen werde. So weit, so seltsam ...

Nun kommt die Logik und die Geschäftstüchtigkeit ins Spiel: Die Firma „Post Rapture Pet Care" organisiert gegen Entgelt die Versorgung der Haustiere der Christen, die nach erfolgreicher Himmelfahrt nicht mehr im „irdischen Jammertal" weilen. Das wird durch „geprüfte Atheisten" gewährleistet, die auf Erden bleiben und sich um die zurückgebliebenen Tiere kümmern können.

! „Post Rapture Pet Care" nutzt einen total verpeilten Ausgangsgedanken als Fundament für an sich rational-logische Überlegungen. Bei einer derart absurden Grundannahme rettet die stimmige Logik aber nichts mehr. Der rationale Schluss wirkt vielmehr für den neutralen Beobachter wie ein Fremdkörper, der im Zusammenhang mit der verblüffend irrationalen Ausgangsidee nichts zu suchen hat.

VI. Die Struktur der Rechtsvorschriften

Rechtsvorschriften weisen in aller Regel eine Struktur auf, die eine Tatbestandsseite und eine Rechtsfolgenseite erkennen lässt. Die **Tatbestandsseite beschreibt das „Wenn", die Rechtsfolgenseite das „Dann".** Anders ausgedrückt: Was muss passieren (Tatbestandsseite), damit welche Konsequenz eintritt (Rechtsfolgenseite)?

Besonders deutlich wird das bei Strafvorschriften. Fast jeder juristische Laie kann sich etwas unter Diebstahl vorstellen.

? **§ 242 Abs. 1 StGB** lautet: *Wer eine fremde bewegliche Sache einem anderen in der Absicht wegnimmt, die Sache sich oder einem Dritten rechtswidrig zuzueignen, wird mit Freiheitsstrafe bis zu fünf Jahren oder mit Geldstrafe bestraft.*

! Die Tatbestandsseite (das „Wenn") besteht hier aus objektiven Tatbestandsmerkmalen (**fremde bewegliche Sache** und **Wegnahme**) und subjektiven Tatbestandsmerkmalen (neben dem für Straftatbestände allgemein regelmäßig erforderlichen Vorsatz – § 15 StGB – hier die **Absicht, sich oder einem Dritten die Sache rechtswidrig zuzueignen**).
Die Rechtsfolgenseite (das „Dann") besteht in **Freiheitsstrafe bis zu fünf Jahren oder Geldstrafe**.

Um den Blick für die Normstruktur zu schärfen, sollte man sich gerade als Anfänger immer klarmachen, was zur Rechtsfolgenseite und was zur Tatbestandsseite gehört. Das ist bei manchen Vorschriften nicht ganz einfach.

Teil 2: Die Arbeitstechnik

VII. Die Arten von Vorschriften im Zivilrecht: Anspruchsgrundlagen, Gegennormen, Hilfsnormen

Das BGB besteht aus **Anspruchsgrundlagen, Gegennormen und Hilfsnormen.**

Für ein effizientes Arbeiten mit diesem Buch (wie auch mit anderen Werken) ist unbedingt **erforderlich, dass die genannten Vorschriften gelesen** werden, wenn es für das Verständnis nötig ist auch mehrmals. Das mag gewöhnungsbedürftig oder gar lästig wirken, ist aber der einzige Weg zu Systemverständnis und der einzig vielversprechende Ansatz dazu, den Umgang mit den Vorschriften zu lernen und durch Routine Sicherheit zu gewinnen.

Bei der Prüfung der Ansprüche muss sich der Rechtsanwender zunächst auf die Suche nach passenden Anspruchsgrundlagen begeben. Ausgangspunkt ist die im Anschluss an den Sachverhalt mehr oder weniger konkret gestellte Frage:

✖ Wer will **was** **von wem?**

Oft heißt es auch **Wer** will **was von wem woraus?**, wobei sich „woraus" nicht mehr aus der eigentlichen Fallfrage ergibt, sondern sich schon auf die **Anspruchsgrundlage** bezieht.

Für einen Kaufpreisanspruch kommt ersichtlich nur § 433 Abs. 2 BGB als Anspruchsgrundlage in Betracht.

Etwas komplizierter wird es beispielsweise, wenn es um Schadensersatz wegen der Folgen eines Verkehrsunfalls geht. Dann stößt man auf mehrere mögliche Grundlagen für den Anspruch, nämlich auf § 7 Abs. 1 und § 18 Abs. 1 S. 1 des Straßenverkehrsgesetzes (StVG) und auf § 823 Abs. 1 BGB (Anspruchskonkurrenz).

Ein weiteres Beispiel für eine solche Anspruchskonkurrenz:

> **?** A hat sein geliebtes Buch mit dem Titel „Ich trink Ouzo, was trinkst du so?" (ein dünnes Taschenbuch mit etwa 200 Seiten) für die Dauer eines Monats an B verliehen. Nach zwei Monaten hat B das Buch allerdings noch immer nicht gelesen und weigert sich, es A zurückzugeben. Hat A gegen B einen Anspruch auf Herausgabe des Buchs?

> **!** Hier kann sich die Herausgabepflicht sowohl aus § 604 Abs. 1 BGB als auch § 985 BGB ergeben. Beide Anspruchsgrundlagen führen jeweils für sich genommen zu der Verpflichtung des B, das Buch herauszugeben.

Als **Gegennorm** zur Anspruchsgrundlage § 985 BGB ist strukturell immer an § 986 Abs. 1 S. 1 BGB zu denken. Als Recht zum Besitz kommt der Leihvertrag in Betracht. Da die Leihzeit aber abgelaufen ist (für die Anspruchsgrundlage § 604 Abs. 1 BGB schon unmittelbare Tatbestandsvoraussetzung), hat B auch kein Recht zum Besitz i.S.d. § 986 Abs. 1 S. 1 BGB.

Und was ist eine **Hilfsnorm**? Es wird kein ernsthafter Zweifel daran aufkommen, dass es sich bei dem **Buch** um eine **Sache** handelt, wie es beide genannten Anspruchsgrundlagen voraussetzen (nochmals § 604 Abs. 1 BGB und § 985 BGB lesen!). Wir brauchen für die Lösung dieses Falls nicht unbedingt eine

Teil 2: Die Arbeitstechnik

Norm, die uns die Sacheigenschaft des Buchs nahelegt. Der Begriff „Sache" im Sinne des BGB ist aber für alle Fälle in § 90 BGB beschrieben (Hilfsnorm).

Auf eine solche **Hilfsnorm** muss vor allem in weniger klaren Fällen zurückgegriffen werden.

? Wie steht es um die Sacheigenschaft im Sinne des BGB bei Luft und Wasser?

! Dabei könnte es sich nur um Sachen handeln, wenn sie „körperlich" sind, wie uns das Gesetz in der **Hilfsnorm § 90 BGB** verrät. Mit „körperlich" ist „räumlich abgrenzbar" gemeint. Die Antwort zu der Frage nach der Sacheigenschaft ist vor diesem Hintergrund eine typisch juristische, nämlich „Das kommt darauf an ..."
Wasser in einem Kanister oder Luft in einer Flasche ist eine Sache, flüchtig und frei fließend sieht es anders aus.

Aber geht es im realen Leben wirklich um solche Abgrenzungsfragen?

? Ein durchaus alltäglicher Fall: Ein **Hund** wird verkauft. Auch in § 433 BGB ist von einer „Sache" als Kaufgegenstand die Rede. Und nun? Ist das Tier eine Sache?

❗ **§ 90 a BGB** gibt die Antwort. Auch diese Vorschrift ist weder eine Anspruchsgrundlage noch eine Gegennorm, sondern eine **Hilfsnorm**.

VIII. Gesetzesauslegung / Rechtsfortbildung

1. Die Auslegung von Gesetzen

Die Auslegung von Gesetzen ist strikt und unbedingt von der Auslegung von Willenserklärungen (insbesondere von Verträgen) zu unterscheiden. Auf die Auslegung von Willenserklärungen kommen wir in Teil 3 ab Seite 98 zurück. Hier geht es zunächst (nur) um die Auslegung von Gesetzen.

Nach der klassischen Lehre existiert zur **Gesetzesauslegung** eine mehr oder weniger strenge Methode mit festgelegter Reihenfolge: Der Ansatz ist stets die **Wortlautauslegung**, dann folgen die **systematische Auslegung**, die **historische Auslegung** und schließlich die **Frage nach dem Sinn und Zweck des Gesetzes**.

Diese Methode hilft aber in der Praxis für sich genommen kaum weiter. Die Beantwortung der Frage nach dem Sinn und Zweck des Gesetzes (lateinisch hochtrabend „ratio legis") ist häufig nichts anderes als das Herausziehen des Kaninchens, das man selbst zuvor im Zylinder versteckt hat. Man liest das Wunschergebnis in das Gesetz hinein und beschreibt dies dann als vernünftig und dem Zweck des Gesetzes entsprechend. Wahrscheinlich war es dieses Phänomen, das schon *Goethe* zu der berühmten ironischen Bemerkung gebracht hat:

Teil 2: Die Arbeitstechnik

✖ *Im Auslegen seid frisch und munter! Legt ihr's nicht aus, so legt was unter.* (Goethe)

Praktisch vielversprechender und im Grunde auch ehrlicher ist gegenüber der klassischen Methodenlehre die sogenannte **Normalfallmethode**. Sie bildet einen etwas anderen Ansatz, ohne dabei den Rückgriff auf klassische Elemente der Auslegungsmethodik auszuschließen:

Bei dem „Ouzo-Buch-Fall" (Seite 37) ist das Ergebnis angesichts des Ablaufs der Leihzeit eindeutig. Ein anderes Resultat ist hier nicht vertretbar. Man könnte deshalb voreilig daran zweifeln, dass die Rechtsanwendung eine wertende, nicht im naturwissenschaftlichen Sinne exakte Methode ist. Die i.S.d. § 604 Abs. 1 BGB *bestimmte* (= vereinbarte) Leihzeit ist abgelaufen, der Herausgabeanspruch besteht eindeutig.

Ebenso klar sieht es in folgender Abwandlung aus:

? A hat sein geliebtes Buch mit dem Titel „Ich trink Ouzo, was trinkst du so?" (ein dünnes Taschenbuch mit etwa 200 Seiten) für die Dauer eines Monats an B verliehen. Bereits nach zwei Wochen verlangt A das Buch von B heraus. Hat A gegen B einen Anspruch auf Herausgabe des Buchs?

! Hier ist die vereinbarte Leihzeit noch nicht abgelaufen, sodass B das Buch noch behalten darf.
Die Voraussetzung für § 604 Abs. 1 BGB ist nicht erfüllt. Zudem gibt der Leihvertrag B ein Recht zum Be-

sitz, das über § 986 Abs. 1 S. 1 BGB einem Herausgabeanspruch aus § 985 BGB entgegensteht.

Nun kommen wir zu einer weiteren Abwandlung des „Ouzo-
Buch-Falls". Auf den ersten Blick wirkt die Besonderheit des
Falls unspektakulär. In der Rechtsanwendung wird es aber er-
heblich schwammiger:

? A hat sein geliebtes Buch mit dem Titel „Ich trink
Ouzo, was trinkst du so?" (ein dünnes Taschenbuch mit
etwa 200 Seiten) an B verliehen. Eine Leihzeit ist nicht
vereinbart. Nach zwei Monaten hat B das Buch noch
nicht gelesen und weigert sich, es A zurückzugeben. Hat
A gegen B einen Anspruch auf Herausgabe des Buchs?

! Das Gesetz gibt hier keine klare Lösung vor, sondern bietet mehrere Varianten an, die einschlägig sein
könnten.
Konkret: Weil die Leihzeit nicht *bestimmt* (= vereinbart) ist, gelangen wir zunächst zu § 604 Abs. 2 S. 1
BGB.
Der *sich aus dem Zweck der Leihe ergebende Gebrauch* war, dass B das Buch liest. Dies ist noch nicht geschehen, sodass § 604 Abs. 2 S. 2 BGB einschlägig ist.
Es soll also darauf ankommen, ob B als Entleiher innerhalb der verstrichenen Zeit *den Gebrauch hätte machen können.* Und? Hätte B inzwischen das Buch lesen
können? Kommt es dabei auf eine subjektive oder eine
objektive Betrachtung an?
Vielleicht ist es nämlich auch so, dass die Dauer
nicht nur nicht vereinbart ist, sondern auch *dem Zweck
der Leihe nicht zu entnehmen* ist. Dann ist § 604 Abs. 3
BGB einschlägig. Fragen über Fragen ...

41

Teil 2: Die Arbeitstechnik

Der Reihe nach: Ist *die Dauer der Leihe dem Zweck zu entnehmen* oder nicht? Man kommt einer vernünftigen Lösung näher, wenn man sich klarmacht, in welchen Fällen die Dauer der Leihe dem Zweck typischerweise zu entnehmen ist. Man sollte **vom Normalfall her denken** und dann prüfen, ob der zu untersuchende Fall **entweder** so **weit vom Normalfall entfernt** ist, dass er im Ergebnis nicht mehr mit diesem gleichzusetzen ist **oder** aber **noch nahe genug am Normalfall liegt**, um zu demselben Ergebnis zu führen.

Was also sind die Normalfälle, in denen die Dauer dem Zweck der Leihe zu entnehmen ist? Zu denken wäre etwa an den Verleih einer Skiausrüstung für den Skiurlaub des Entleihers. Selbst wenn der Verleiher den Zeitraum des Urlaubs nicht kennt (die konkrete Dauer also schon deshalb nicht vertraglich vereinbart sein kann), ist die Dauer hier klar dem Zweck zu entnehmen. In diesem Vergleichsfall ist § 604 Abs. 3 BGB nicht einschlägig, der Entleiher vor „jederzeitiger" Zurückforderung geschützt. Der Unterschied zu unserem Fall liegt darin, dass der Bezugspunkt für die Dauer der Leihe in dem Vergleichsfall konkreter ist (Skiurlaub / hier „nur" Lesen des Buchs). Das Lesen des Buchs braucht aber auch seine Zeit, was gerade mit Blick auf die Rechtsfolge des § 604 Abs. 3 BGB dafür spricht, dass unser Fall noch nahe genug an dem Normalfall (z.B. Skiausrüstung) liegt. Ebenso wie dort ist auch hier davon auszugehen, dass § 604 Abs. 3 BGB nicht einschlägig ist. Diese Rechtsfolge ist nämlich extrem weitgehend (*kann ... jederzeit zurückfordern*).

Naheliegendes Ergebnis: Kein Rückgabeanspruch aus § 604 Abs. 3 BGB, wohl aber aus § 604 Abs. 2 S. 2 BGB, weil B das überschaubare Buch (objektiv) schon längst hätte lesen können.

Hier zeigt sich übrigens sehr schön die **Verwertung von Sachverhaltsangaben**. Für extrem umfangreiche und zähe Werke wie etwa Musils „Mann ohne Eigenschaften" muss mit Blick auf § 604 Abs. 2 S. 2 BGB naturgemäß etwas anderes gelten als für sehr kurze, einfache und dementsprechend schnell zu lesende Bücher wie das in unserem Sachverhalt erwähnte Trivialprodukt.

Die Rolle der **Auslegung** von **Rechtsbegriffe**n (insbesondere also im Gesetz auftauchenden Tatbestandsmerkmalen) ist umso größer, je unbestimmter der Rechtsbegriff ist.

Werfen wir beispielsweise einen Blick in § 286 BGB, so entdecken wir neben klaren Ansagen (z.B. *30 Tage*) auf Anhieb eine Vielzahl unbestimmter Rechtsbegriffe (z.B. *angemessene Zeit, ernsthaft und endgültig, besondere Gründe unter Abwägung der beiderseitigen Interessen*). *Nicht zu vertreten hat* in § 286 Abs. 4 BGB ist für sich genommen auch ein unbestimmter Rechtsbegriff, der allerdings in § 276 BGB näher beschrieben wird.

Begrifflich ist wichtig, dass die **Auslegung nichts mit Ermessen zu tun** hat. Ermessen kommt vor allem im Verwaltungsrecht vor und spielt sich immer auf der Rechtsfolgenseite ab. Wenn dort der Tatbestand einer Norm erfüllt ist, zwingt das die Verwaltung oft nicht zu einer Rechtsfolge, sondern führt zu einem gewissen Handlungsspielraum. Die Ermessensausübung kommt in Gesetzesformulierungen wie „kann" oder „darf" zum Ausdruck (vgl. im Gegensatz dazu nochmals oben § 242 Abs. 1 StGB: *Wer ... wird mit Freiheitsstrafe ... bestraft*).

Auf das Ermessen gehen wir im Bereich des öffentlichen Rechts näher ein (Teil 5 ab Seite 224).

Im Privatrecht ist Ermessen die große Ausnahme (siehe aber §§ 315, 317 BGB).

Teil 2: Die Arbeitstechnik

2. Die Rechtsfortbildung

Wer sich so weit aus dem Fenster lehnt, dass er die Grenzen der klassischen Auslegung verlässt, bewegt sich im Bereich der **Rechtsfortbildung**. Hierbei treten folgende Methoden und Phänomene immer wieder auf:

Die **Analogie** geht auf den Gedanken zurück, eine **planwidrige Regelungslücke zu schließen**. Sie führt zur entsprechenden Anwendung eines Gesetzes, obwohl das Gesetz den Fall nicht unmittelbar erfasst.

> ✖ § 371 S. 1 BGB wird in der Zwangsvollstreckung analog als Anspruchsgrundlage für die Herausgabe des Vollstreckungstitels herangezogen.

Der **Erst-recht-Schluss** (oder das Erst-recht-Argument) ist eine **besondere Begründung der Analogie**.

> ✖ Wer aus wichtigem Grund sogar fristlos kündigen darf, ist erst recht zur fristgemäßen Kündigung berechtigt.

Im Strafrecht darf es übrigens gemäß Art. 103 Abs. 2 GG keine Analogie zulasten des Täters geben. Auf diesen wichtigen **Gesetzlichkeitsgrundsatz** (identisch § 1 StGB) gehen wir in Teil 4 systematisch ein (ab Seite 138).

Bleiben wir zunächst bei weiteren Konstellationen zur Rechtsfortbildung:

Bei der **teleologischen (sinngemäßen) Reduktion** wird im Gegensatz zur Analogie der Anwendungsbereich einer Vorschrift eingeschränkt.

> ✖ § 439 Abs. 4 BGB soll für den Verbrauchsgüterkauf nicht gelten.

Wichtig ist schließlich der **Umkehrschluss.** Er **basiert auf einer offenbar geplanten Regelungslücke** (auch Gegenschluss genannt / lateinisch „argumentum e contrario").

Die Idee dabei: Wenn das Gesetz anscheinend gezielt nur für bestimmte Tatbestände eine Rechtsfolge vorsieht, gilt diese Rechtsfolge für andere Tatbestände eben gerade nicht, auch wenn sie ähnlich sind (Beispiel: Umkehrschluss aus § 119 BGB, dass der Motivirrtum keinen Anfechtungsgrund bietet).

> **?** Welcher Umkehrschluss ergibt sich aus § 2 BGB? Wofür kann dieser Schluss bedeutsam sein?

> **!** Der einfache, fast banal wirkende Umkehrschluss: Wer das 18. Lebensjahr nicht vollendet hat, ist noch nicht volljährig, also minderjährig. Für Minderjährige gelten in vielen Bereichen Besonderheiten. In erster Linie ist die beschränkte Geschäftsfähigkeit ab Vollendung des siebenten Lebensjahres zu nennen (§§ 106 ff BGB). Dazu später mehr ...

Teil 2: Die Arbeitstechnik

In diesem überaus einfachen Beispiel war die Regelungslücke (Minderjährigkeit nicht direkt im Gesetz definiert) klar im Umkehrschluss aus § 2 BGB zu schließen. Aber Vorsicht! In Grenzfällen wird es bei **Regelungslücken** knifflig:

Wenn die zu bearbeitende Fallkonstellation im Gesetz nicht geregelt ist (Regelungslücke), kommt es immer darauf an, ob die Regelungslücke **als planwidrig oder geplant angesehen** wird. An dieser Stelle wird die Weiche gestellt. Beim Auslegungsergebnis „planwidrige Regelungslücke" fährt der Zug in Richtung Analogie, bei „geplanter Regelungslücke" geht die Reise dagegen in Richtung Umkehrschluss.

IX. Der Aufbau einer Prüfung und die Darstellung im Gutachtenstil

Jetzt bringen wir ein weiteres Beispiel für Gesetzesauslegung. Die folgende Darstellung ist im Gutachtenstil gehalten (im Gegensatz zum sog. Urteilsstil). Damit ist der allgemein übliche Aufbau einer Anspruchsprüfung verbunden, nämlich

I.   **Anspruch entstanden?**

II. **Anspruch nicht untergegangen?**

III. **Anspruch durchsetzbar?**

IV. **Ergebnis**

? Der Schäferhund des A ist entlaufen und streunt schon einige Tage lang im Wald herum, als er auf den Spaziergänger B trifft. Tierfreund B geht anhand des Zustands des Hundes irrtümlich davon aus, dass das Tier ausgesetzt worden sei. Er nimmt den verwahrlosten Hund an sich, versorgt ihn und betrachtet das Tier seither als sein Eigentum. Eines Tages erkennt A den Hund wieder, als B das Tier auf der Straße ausführt. A verlangt den Hund nun von B heraus. B fühlt sich im Recht und ist nicht zur Herausgabe bereit. Falls er doch zur Herausgabe verpflichtet sein sollte, will B von A im Gegenzug wenigstens Ersatz der ihm entstandenen notwendigen Fütterungs- und Pflegekosten.

Ist B zur Herausgabe an A verpflichtet? Kann B gegebenenfalls den beschriebenen Ersatzanspruch gegen A mit Erfolg geltend machen?

 Formulierungsvorschlag (im Gutachtenstil):

A könnte gegen B einen Anspruch auf Herausgabe des Hundes gemäß § 985 BGB haben.

I. Der Anspruch müsste entstanden sein.

1. Nach § 985 BGB muss der Anspruchsteller Eigentümer und der Anspruchsgegner Besitzer der Sache sein.

a. Anspruchsgegner B müsste Besitzer sein. Besitz ist die tatsächliche Gewalt über eine Sache (§ 854 Abs. 1 BGB). B hat die tatsächliche Gewalt über den Hund erlangt. Das Tier ist zwar gemäß § 90 a S. 1 BGB keine Sache. Nach § 90 a S. 3 BGB finden jedoch die für Sachen geltenden Vorschriften – also auch die §§ 985, 854 BGB – entsprechende Anwendung. B ist folglich Besitzer des Tieres, das gemäß § 90 a S. 3 BGB zumindest zivilrechtlich wie eine Sache behandelt wird.

Teil 2: Die Arbeitstechnik

b. Anspruchsteller A müsste Eigentümer des Tieres sein.

aa. Ursprünglich war A Eigentümer des Hundes.

bb. A hat den Hund – entgegen der Vorstellung des B – nicht ausgesetzt, also sein Eigentum nicht gemäß § 959 BGB aufgegeben.

cc. Durch das Entlaufen des Hundes könnte das Tier jedoch gemäß § 960 Abs. 3 BGB herrenlos geworden sein, sodass möglicherweise B gemäß § 958 Abs. 1 BGB Eigentum erworben hat.

Dazu müsste der Hund ein gezähmtes Tier sein. § 960 BGB betrifft insgesamt „wilde Tiere". Mit „gezähmten Tieren" sind deshalb hier nur von Natur aus wilde Tiere gemeint, die im Einzelfall durch besondere Gewöhnung an den Menschen die Gewohnheit angenommen haben, an einen bestimmten Ort zurückzukehren, beispielsweise die vom Menschen angelegte Futterstelle. Der Schäferhund ist hingegen ein klassisches Haustier, ein von vornherein zahmes, nicht lediglich in dem genannten Sinne gezähmtes Tier.

Der Hund ist nicht gemäß § 960 Abs. 3 BGB herrenlos geworden, sodass A sein Eigentum nicht verloren hat und B kein Eigentum gemäß § 958 Abs. 1 BGB hat erwerben können.

dd. Somit ist A nach wie vor Eigentümer des Hundes.

c. Also liegen die Voraussetzungen des § 985 BGB vor.

2. Anspruchsgegner B hat kein Recht zum Besitz gemäß §§ 986, 90 a BGB.

3. Demnach ist der Anspruch entstanden.

II. Der Anspruch ist auch nicht untergegangen.

III. Der Anspruch könnte jedoch nur bedingt durchsetzbar sein.

1. B kann möglicherweise gemäß § 1000 S. 1 i.V.m. § 994 Abs. 1 BGB die Herausgabe des Hundes verweigern, bis A ihm die entstandenen notwendigen Fütterungs- und Pflegekosten ersetzt hat.

a. Bei den Fütterungskosten handelt es sich um notwendige Verwendungen.

b. Gleichwohl stünde B das Zurückbehaltungsrecht gemäß § 1000 S. 2 BGB nicht zu, wenn er das Tier (§ 90 a BGB) durch vorsätzliche unerlaubte Handlung erlangt hätte. B ist irrtümlich davon ausgegangen, dass der Hund ausgesetzt, das Eigentum an ihm also gemäß §§ 959, 90 a BGB aufgegeben worden sei. B hat keine vorsätzliche unerlaubte Handlung begangen. Das Zurückbehaltungsrecht ist demnach nicht gemäß § 1000 S. 2 BGB ausgeschlossen.

c. B kann im Wege des Zurückbehaltungsrechts gemäß § 1000 S. 1 i.V.m. § 994 Abs. 1 BGB die Herausgabe des Tiers verweigern, bis A ihm die notwendigen Fütterungs- und Pflegekosten ersetzt hat.

2. Der Anspruch ist nur bedingt durchsetzbar.

IV. A hat gegen B einen Anspruch auf Herausgabe des Hundes gemäß §§ 985, 90 a BGB. Der Anspruch ist jedoch mit Blick auf das Zurückbehaltungsrecht des B gemäß § 1000 S. 1 i.V.m. § 994 Abs. 1 BGB nur bedingt durchsetzbar.

Natürlich kann man den Fall auch aus dem strafrechtlichen Blickwinkel betrachten. Die folgende Darstellung ist allerdings zur Verdeutlichung der Unterschiede im Urteilsstil gehalten, der

Teil 2: Die Arbeitstechnik

bekanntlich im Gegensatz zum Gutachtenstil nicht von einer Hypothese, sondern von dem bereits gefundenen Ergebnis ausgeht (siehe schon Seite 32).

? Der Schäferhund des A ist entlaufen und streunt schon einige Tage lang im Wald herum, als er auf den Spaziergänger B trifft. Tierfreund B geht anhand des Zustands des Hundes irrtümlich davon aus, dass er ausgesetzt worden sei. Er nimmt den verwahrlosten Hund an sich, versorgt ihn und betrachtet das Tier seither als sein Eigentum. Wie hat sich B strafbar gemacht?

! **Formulierungsvorschlag** (im Urteilsstil):

B hat sich durch sein Verhalten nicht strafbar gemacht, nämlich weder nach § 242 Abs. 1 StGB noch nach § 246 Abs. 1 StGB.

Eine Strafbarkeit des B gemäß § 242 Abs. 1 StGB scheidet schon auf der Ebene des objektiven Tatbestands aus, weil B den Hund nicht weggenommen hat. Er hätte den Hund nur weggenommen, wenn er fremden Gewahrsam gebrochen und neuen Gewahrsam begründet hätte. B hat keinen fremden Gewahrsam gebrochen, weil bei der Begegnung des B mit dem Tier kein Gewahrsam (mehr) bestand. Gewahrsam besteht nur, solange die tatsächliche, von einem Herrschaftswillen getragene Sachherrschaft anzunehmen ist. Die tatsächliche Sachherrschaft des A ist dadurch weggefallen, dass der Hund dauerhaft entlaufen war.

Eine Strafbarkeit des B gemäß § 246 Abs. 1 StGB scheitert auf der Ebene des subjektiven Tatbestands. B hat mit

Blick auf das Merkmal „fremd" nicht vorsätzlich gehandelt (§ 16 Abs. 1 S. 1 StGB), weil er sinngemäß davon ausgegangen ist, der ihm unbekannte Eigentümer habe sein Eigentum gezielt aufgegeben (§ 959 BGB). Gemäß § 15 StGB i.V.m. § 246 Abs. 1 StGB wäre der Unterschlagungstatbestand nur erfüllt, wenn B vorsätzlich gehandelt hätte.

Der Volksmund-Spruch „Unwissenheit schützt vor Strafe nicht" ist also – freundlich formuliert – nicht ganz richtig. Umgekehrt ist es aber auch nicht so, dass jede Form von Unwissenheit (stets) vor Strafe schützt. Die Sache ist wesentlich komplizierter, weil es verschiedene Arten von Tatsachen- und Rechtsirrtümern mit sehr unterschiedlichen Rechtsfolgen gibt (mehr dazu auf den Seiten 148 und 157 f).

Zur Übung bietet es sich an, auch diesen Teil der Prüfung im **Gutachtenstil** zu formulieren. Ein inhaltlicher Hinweis: Das Tier ist trotz § 90 a S. 1 BGB als Sache (im strafrechtlichen Sinne) anzusehen, sei es über § 90 a S. 3 BGB oder über die Figur eines eigenständigen strafrechtlichen Sachbegriffs, der auch Tiere erfasst. Beide Herleitungen führen zu dem erwünschten Ziel (auch strafrechtlicher Schutz des Eigentums an Tieren).

X. Wie gehe ich mit Meinungsstreitigkeiten um?

Zu Rechtsfragen kann man selbstverständlich unterschiedlicher Meinung sein. Diese Meinungen werden in Fachzeitschriften, Büchern und mit zunehmender Bedeutung in Internet-Publikationen veröffentlicht. So entstehen Bilder von mehr oder weniger wichtigen **Meinungsstreitigkeiten**, bei denen sich vor allem im Strafrecht gerne die **Rechtsprechung** und die sogenannte **herrschende Lehre** gegenüberstehen.

Teil 2: Die Arbeitstechnik

✖ Die herrschende Lehre (also die Mehrzahl der Jura-Professoren) verlangt für die Erpressung (§ 253 Abs. 1 StGB) über den Wortlaut des Gesetzes hinaus eine sogenannte Vermögensverfügung des Opfers, die Rechtsprechung (insbesondere der BGH) hingegen nicht.

Man könnte auf den ersten Blick zu der Auffassung der Rechtsprechung neigen, weil in § 253 Abs. 1 StGB nichts von einer Vermögensverfügung steht. Nun ja, so einfach ist die Sache nicht. Es gibt gute Gründe für die Meinung der herrschenden Lehre. Aber das soll uns hier nicht weiter interessieren.

Gerade bei besonders bekannten Meinungsstreitigkeiten – sogenannten Klassikern – besteht eine große Gefahr in der Rechtsanwendung: Getreu dem Motto „Herr Lehrer, ich weiß was!" neigt man dazu, in der Fallbearbeitung den Streit mit Argumenten vorschnell breit darzustellen und sich für eine der Meinungen zu entscheiden.

Die breite Streitdarstellung und vor allem die Entscheidung des Meinungsstreits ist aber immer dann fehl am Platz, wenn es darauf für den konkreten Fall nicht ankommt:

✖ Wenn im Einzelfall das Opfer über sein Vermögen verfügt hat, muss und darf der Streit nach dem Erfordernis einer solchen Verfügung für § 253 Abs. 1 StGB nicht entschieden werden.

Beide Meinungen kommen dann nämlich logisch zwingend zum selben Ergebnis:

Sieht man die Verfügung als nicht erforderlich an (so die Rechtsprechung), scheitert § 253 Abs. 1 StGB schon vom Ansatz her nicht an diesem Kriterium.

Sieht man die Verfügung hingegen als erforderlich an (so die herrschende Lehre), scheitert § 253 Abs. 1 StGB ebenfalls nicht an diesem Kriterium. Die nach der herrschenden Lehre erforderliche Vermögensverfügung liegt ja vor.

Wenn also die fallbezogene Prüfung (Subsumtion) ergibt, dass **es für das Ergebnis egal ist, welcher Meinung man folgt, soll und darf der Meinungsstreit** in der konkreten Fallbearbeitung **nicht entschieden werden.** Die Leistung liegt dann eben darin, dass man herausarbeitet und darstellt, warum der Streit hier nicht entscheiden wird.

Wenn es aber auf eine **Streitentscheidung** ankommt, muss diese Entscheidung **abstrakt**, also losgelöst vom konkreten Fall getroffen werden.

Man kann die Meinungen in der Darstellung ihren Vertretern zuordnen:

Der BGH vertritt die Auffassung, ... Die herrschende Lehre geht demgegenüber davon aus, dass ...

Allerdings ersetzt eine solche Zuordnung niemals die Argumentation. Es besteht die Gefahr, dass man nicht in der Sache argumentiert, sondern sich auf die **herrschende Meinung** beruft (üblicherweise abgekürzt „h.M."). Das ist aber für sich genommen keine Leistung! Vielmehr **zählen die Argumente in der Sache**.

Als Gegenbegriff zur herrschenden Meinung wird gemeinhin von „Mindermeinung" gesprochen. Einige Autoren raten dazu, diesen tendenziell abwertenden Begriff in der Darstellung zu vermeiden. Da ist was dran (siehe näher Seiten 238 f).

Teil 2: Die Arbeitstechnik

Wir halten es jedenfalls bei den meisten Meinungsstreitigkeiten für die elegantere Lösung, die **Ansichten von den Argumenten her** darzustellen, ohne die Vertreter zu erwähnen (allerdings Geschmacksache). **Im Idealfall** entsteht auf diese Weise ein **lebendiger Schlagabtausch**:

> *Für die enge Auslegung spricht, ... Dagegen lässt sich anführen, dass ... Andererseits ... Der Einwand überzeugt wegen ... nicht.*

Oder etwa so:

> *Der Gesetzestext legt eine weite Interpretation des Merkmals XY nahe ... Aus dem Sinn und Zweck der Norm lässt sich aber ableiten, dass ...*

Realistischerweise hängt die Darstellung eines Meinungsstreits auch vom Ergebnis ab. Wenn es in der Fallbearbeitung auf einen Streit ankommt (nur dann, s.o.), ist es durchaus erstrebenswert, mit stilistischen Mitteln die bevorzugte Auffassung in einem günstigen Licht strahlen zu lassen, während Gegenauffassungen in der Darstellung etwas schlechter wegkommen.

Man will den Leser schließlich überzeugen! So mancher Gesichtspunkt ist doppeldeutig und kann – je nach Blickwinkel – sowohl für die eine als auch für die andere Rechtsansicht fruchtbar gemacht werden. **Wichtig** ist dabei nur, **dass wesentliche Argumente der Gegenansicht(en) nicht einfach unter den Tisch fallen**, nur weil es unbequem wäre, sich mit ihnen auseinanderzusetzen.

Wir demonstrieren eine solche Streitentscheidung anhand eines relativ einfachen Fallbeispiels. Es geht um ein Standardproblem des Strafrechts. Bei der Freiheitsberaubung gibt es unterschiedliche Antworten auf die Frage, ob § 239 Abs. 1 StGB auch die nur potenzielle Fortbewegungsfreiheit schützt. Dabei spielt der

Vergleich der aktuellen Gesetzesfassung mit einer älteren Fassung der Vorschrift eine wesentliche Rolle. Mit zwei vollständigen Formulierungsvorschlägen zur Streitentscheidung im Gutachtenstil (siehe schon Seite 32) verdeutlichen wir auch die Unterschiede in der Argumentation, die das jeweilige Ergebnis mit sich bringt. Es gibt also **zwei vollständige Versionen**, wenn man so will „**Pro und Contra**".

? Opa O bemerkt nicht, dass er von seinem Sohn S in das Wohnzimmer eingeschlossen wird. S will nämlich unbedingt seine Ruhe haben, um einen spannenden Film sehen zu können. O denkt aber ohnehin nicht daran, seinen Ohrensessel zu verlassen, weil er seinerseits fasziniert einen Roman liest. Als S nach knapp zwei Stunden die Wohnzimmertür wieder aufschließt, sitzt O immer noch lesend und in Unkenntnis der Aktion des S in dem Sessel. O war bewegungsfähig, hätte sich also aus dem Zimmer fortbewegen können, wenn er dies gewollt hätte und nicht eingeschlossen gewesen wäre.

Hat sich S wegen vollendeter Freiheitsberaubung gemäß § 239 Abs. 1 StGB strafbar gemacht?

Anmerkung: § 239 StGB ist im Jahr 1998 u.a. in den folgenden beiden Punkten geändert worden: Die ehemalige Formulierung *des Gebrauchs der persönlichen Freiheit beraubt* ist durch die aktuelle Bezeichnung *der Freiheit beraubt* ersetzt worden (Abs. 1). Die Versuchsstrafbarkeit ist eingeführt worden (aktuell Abs. 2).

Und nun zu den beiden Formulierungsvorschlägen mit gegensätzlichen Ergebnissen:

Teil 2: Die Arbeitstechnik

❗ Formulierungsvorschlag
Vollendungsstrafbarkeit (im Gutachtenstil):

S könnte sich durch das Verschließen der Tür wegen vollendeter Freiheitsberaubung gemäß § 239 Abs. 1 StGB strafbar gemacht haben.

Er könnte O durch Einsperren der Freiheit beraubt haben. Eine Freiheitsberaubung liegt vor, wenn das Opfer daran gehindert wird, seinen Aufenthaltsort frei zu verlassen.

O konnte während der Abwesenheit des S das verschlossene Wohnzimmer nicht verlassen. Er wollte sich aber auch gar nicht fortbewegen. Damit stellt sich die Frage, ob und gegebenenfalls inwieweit § 239 Abs. 1 StGB auch die nur potenzielle Fortbewegungsfreiheit schützt. Fordert man den tatsächlichen Willen zur Fortbewegung, liegt in dem Verhalten des S keine vollendete Freiheitsberaubung.

Nach § 239 Abs. 2 StGB ist inzwischen auch die versuchte Freiheitsberaubung strafbar. Auf den ersten Blick mag dies als Argument dafür dienen, die bloße Versuchsstrafbarkeit für angemessen zu halten, wenn das Opfer sich nicht fortbewegen will oder gar das Einsperren nicht einmal bemerkt. Die Strafbarkeit des Versuchs sagt aber nicht zwingend etwas zur Abgrenzung von Versuch und Vollendung aus. § 239 Abs. 2 StGB zeigt insoweit nur, dass die potenzielle Bewegungsfreiheit jedenfalls strafrechtlich geschützt ist, sei es als versuchte oder als vollendete Freiheitsberaubung.

In § 239 Abs. 1 StGB ist im Gegensatz zu der alten Fassung dieser Vorschrift nicht mehr vom „Gebrauch" der Freiheit die Rede. Diese Veränderung spricht maßgeblich dafür, dass auch die potenzielle Bewegungsfreiheit geschützt ist und es für den Tatbestand nicht etwa auf den tatsächlichen Willen des Opfers zur Fortbewegung ankommt.

Eine Einschränkung mag geboten sein, wenn das Opfer schläft, bewusstlos ist, oder es sich um einen kleinen Säugling handelt. In diesen Zuständen ist ein etwaiger Fortbewegungswille nämlich nicht aktualisierbar. O hätte seinen möglichen Fortbewegungswillen in die Tat umsetzen können. Deshalb kommen hier auch diejenigen zur Vollendungsstrafbarkeit, die einen aktualisierbaren potenziellen Fortbewegungswillen verlangen.

O ist von S daran gehindert worden, seinen Aufenthaltsort frei zu verlassen.

S hat ihn also durch Einsperren der Freiheit beraubt.

Er handelte vorsätzlich.

Die Tat geschah rechtswidrig.

S handelte auch schuldhaft.

Er hat sich durch das Verschließen der Tür wegen vollendeter Freiheitsberaubung gemäß § 239 Abs. 1 StGB strafbar gemacht.

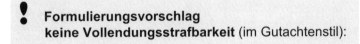

Formulierungsvorschlag
keine Vollendungsstrafbarkeit (im Gutachtenstil):

S könnte sich durch das Verschließen der Tür wegen vollendeter Freiheitsberaubung gemäß § 239 Abs. 1 StGB strafbar gemacht haben.

Teil 2: Die Arbeitstechnik

Er könnte O durch Einsperren der Freiheit beraubt haben. Eine Freiheitsberaubung liegt vor, wenn das Opfer daran gehindert wird, seinen Aufenthaltsort frei zu verlassen.

O konnte während der Abwesenheit des S das verschlossene Wohnzimmer nicht verlassen. Er wollte sich aber auch gar nicht fortbewegen. Damit stellt sich die Frage, ob und gegebenenfalls inwieweit § 239 Abs. 1 StGB auch die nur potenzielle Fortbewegungsfreiheit schützt. Fordert man den tatsächlichen Willen zur Fortbewegung, liegt in dem Verhalten des S keine vollendete Freiheitsberaubung.

In § 239 Abs. 1 StGB ist im Gegensatz zu der alten Fassung dieser Vorschrift nicht mehr vom „Gebrauch" der Freiheit die Rede. Diese Veränderung spricht auf den ersten Blick dafür, dass auch die potenzielle Bewegungsfreiheit geschützt sein könnte und es für den Tatbestand nicht etwa auf den tatsächlichen Willen des Opfers zur Fortbewegung ankommen solle. Aber auch „der Freiheit beraubt" (so der aktuelle Gesetzeswortlaut) kann jedenfalls im Kern der Begriffsbedeutung nur sein, wer sich tatsächlich wegbewegen will. Ein nur potenzieller Fortbewegungswille genügt typischerweise selbst dann nicht, wenn er aktualisierbar ist. So wird auch ein noch so waches und agiles „Opfer" sich kaum der Freiheit beraubt fühlen, wenn und solange es sich nun einmal nicht wegbewegen will.

Zudem ist nach § 239 Abs. 2 StGB inzwischen auch die versuchte Freiheitsberaubung strafbar. Diese Versuchsstrafbarkeit ist die angemessene Folge, wenn der Täter das Handlungsunrecht verwirklicht, nicht aber das typische Erfolgsunrecht des § 239 Abs. 1 StGB.

Für die vollendete Freiheitsberaubung gemäß § 239 Abs. 1 StGB ist demnach ein tatsächlicher Wille des Opfers zur

Fortbewegung erforderlich. An diesem tatsächlichen Willen fehlte es bei O.

O ist von S nicht daran gehindert worden, seinen Aufenthaltsort frei zu verlassen.

S hat ihn also durch Einsperren nicht der Freiheit beraubt.

Er hat sich durch das Verschließen der Tür nicht wegen vollendeter Freiheitsberaubung gemäß § 239 Abs. 1 StGB strafbar gemacht.

Dem sorgfältigen Leser könnte aufgefallen sein, dass wir die **Entscheidungsrelevanz bis in die Verästelungen hinein sauber herausgearbeitet** haben. Die vermittelnde Ansicht (potenzieller Wille genügt grundsätzlich, muss aber aktualisierbar sein) führte hier nämlich zum selben Ergebnis wie die weite Auffassung (potenzieller Wille genügt generell). Auf eine Entscheidung zwischen diesen Ansichten kam es nicht an. Für unseren Fall interessierte letztlich nur die Frage „Tatsächlicher Wille zur Fortbewegung erforderlich oder nicht erforderlich?" Auch das will entsprechend hergeleitet sein!

Eine weitere wesentliche Erkenntnis: Die bei einem Meinungsstreit vertretenen **Rechtansichten sind Auslegungsergebnisse,** nicht mehr und nicht weniger. In unserem Beispiel ging es bei der Auslegung um die Bedeutung der Passage *der Freiheit beraubt.*

Die Besonderheit **bei bekannten oder gar klassischen Meinungsstreitigkeiten** besteht nur in einer gewissen **Erwartungshaltung**: Je nach Ausbildungsanspruch und Ausbildungsstadium sollte man bei dem einen oder anderen Meinungsstreit schon wissen oder zumindest sicher rekonstruieren können, mit welchen Argumenten die Vertreter der Rechtsansichten zu ihren Auslegungsergebnissen kommen. Diese Ergebnisse können

Teil 2: Die Arbeitstechnik

vom logischen Verhältnis her zueinander konträr oder kontradiktorisch sein (siehe Seiten 17 f).

In der Sache gibt es übrigens noch eine Reihe weiterer Argumente **für und wider die Vollendungsstrafbarkeit bei § 239 Abs. 1 StGB**. Unsere Darstellung ist nicht „abschließend", wir haben uns aber an den Kernargumenten orientiert.

Das Ganze ist in erster Linie als **Anschauungsbeispiel** gedacht. Es erfordert einige Übung, die Technik der Meinungsstreitdarstellung sicher zu beherrschen. Das schüttelt man als Anfänger nicht aus dem Ärmel, schon gar nicht im sauberen Gutachtenstil. Auch hier spielt die Lernmethode die entscheidende Rolle für die persönliche Sicherheit und den langfristigen Erfolg (siehe Seite 31).

XI. Und was hat das alles mit Gerechtigkeit zu tun?

Gerechtigkeit und Recht sollen – so hört man immer wieder – „zwei Paar Schuhe" sein.

Dieses Klischee drückt nicht gerade einen offenen, bejahenden Zugang zur Rechtsanwendung aus. Deshalb lohnt es sich, dieses Feld etwas näher zu beackern und so auch die eine oder andere Fehlvorstellung gerade zu rücken.

Der Begriff der **Gerechtigkeit** ist schillernd. Insbesondere die Kontrahenten rechtlicher Auseinandersetzungen (z.B. die Parteien eines Zivilrechtsstreits) verstehen so gut wie ausnahmslos höchst Unterschiedliches unter Gerechtigkeit in ihrem Fall. Besonders deutlich wird das bei einem Verkehrsunfall. Ein Verkehrsteilnehmer wird in aller Regel die „Schuld" bei dem anderen suchen und sich selbst nicht einmal einen geringen Verursachungsbeitrag zuschreiben.

Der Rechtsanwender (denken wir hier in erster Linie an den Richter) wird also kaum jemals alle Beteiligten zufriedenstellen können.

Dennoch gibt es **objektive Gerechtigkeit**, die im Wesentlichen **Gleichheit** bedeutet und im Rechtsstaat von einer unabhängigen Justiz zu gewähren ist.

✖ Gleiche Sachverhalte sollen möglichst nicht unterschiedlich behandelt werden. Umgekehrt dürfen unterschiedliche Sachverhalte auch nicht gleich behandelt werden.

Konkret kann das z.B. bedeuten, dass der Richter bei einem Verkehrsunfall in eine Fachveröffentlichung mit dem Titel „Haftungsquoten bei Verkehrsunfällen" schaut. So kann er herausfinden, wie von anderen Gerichten zu sehr ähnlichen, möglicherweise sogar annähernd gleichen Verkehrsunfällen entschieden worden ist. Das heißt nicht, dass der Richter an die Ergebnisse der Kollegen gebunden wäre (richterliche Unabhängigkeit, vgl. Art. 97 Abs. 1 GG).

Kommt das Gericht dann zu einer Haftungsquote, spricht dem Kläger also beispielsweise Schadensersatz nur auf der Basis einer 50 %-Haftung des Beklagten zu, so werden wahrscheinlich sogar beide Seiten die Entscheidung aus ihrer jeweiligen Sicht als ungerecht empfinden. Dennoch wird das Urteil (hoffentlich) in dem dargestellten Sinne **objektiv gerecht** sein.

Das folgende Beispiel ist dem sogenannten „Fall Emmely" nachgebildet (die Bezeichnung geht auf den Nachnamen der "Heldin" Barbara Emme zurück). Der Fall ist in der allgemeinen Öffentlichkeit noch weit mehr als in der Juristenwelt rege diskutiert

Teil 2: Die Arbeitstechnik

worden. Er ist auch ein gutes Beispiel für das **Spannungsfeld zwischen rationaler Rechtsanwendung** einerseits **und diffus-irrationalem Empfinden** andererseits.

? Arbeitnehmerin A ist als Kassiererin bei Supermarkt-inhaber B beschäftigt. Sie entwendet aus dem Büro des B zwei Leergutbons im Wert von 0,48 € und 0,82 €. Die Bons waren von B ins Büro gelegt worden, nachdem ein Kunde sie im Supermarkt verloren hatte. Diese beiden Leergutbons löst A anlässlich eines Einkaufs außerhalb ihrer Arbeitszeit bei einer Kollegin an der Kasse ein. Die Sache fliegt auf, B erklärt die fristlose (außerordentliche) Kündigung des Dienstverhältnisses. A kommt zum An-walt und fragt nach ihren rechtlichen Möglichkeiten. Sie empfinde die Kündigung als extrem ungerecht. Es werde offensichtlich mit zweierlei Maß gemessen, wenn man et-wa an die enormen Abfindungen unfähiger Bankmanager denke. Was ist von dieser Argumentation zu halten? Ist die Kündigung wirksam?

! Rechtlicher Ansatzpunkt ist hier § 626 Abs. 1 BGB mit seinen unbestimmten Rechtsbegriffen (*wichtiger Grund / unter Berücksichtigung aller Umstände ... unter Abwägung der Interessen ... nicht zugemutet werden kann*). Man kann sicher unterschiedlicher Meinung sein, was die Wirksamkeit der Kündigung im Lichte des § 626 Abs. 1 BGB angeht. Das Bundesarbeitsgericht (BAG) hat hier mit Urteil vom 10.06.2010 (2 AZR 541/09) das letzte Wort gesprochen und – stark vereinfacht – den Stand-punkt eingenommen, dass eine Abmahnung oder eine ordentliche (fristgemäße) Kündigung die angemessene Reaktion auf das Fehlverhalten der im Originalfall zuvor schon sehr lange „störungsfrei" beschäftigten Arbeitnehmerin gewesen wäre. Die Vorinstanzen hatten das anders gesehen und die außerordentliche Kündigung angesichts strafbaren Verhaltens der Arbeitnehmerin für wirksam gehalten. Dies hat zu erheblicher Empörung bis hin zu kampagnenartig organisierter Aufregung geführt.

Wie auch immer man die Rechtsfrage nach der Wirksamkeit der außerordentlichen Kündigung beantwortet, überzeugt jedenfalls der emotional verständliche „Gerechtigkeitsappell" bei näherer Betrachtung so nicht. Im „Fall Emmely" einerseits und in den Fällen der Bankmanager andererseits geht es um gänzlich unterschiedliche Sachverhalte und auch um unterschiedliche Rechtsfragen. Bei den Bankmanagern kann in der Regel kaum von einem rechtlich konkret fassbaren Versagen die Rede sein, geschweige denn von „handfesten Straftaten".

Ein Gleichheitsversagen wird man der zunächst (in den ersten beiden Instanzen) wenig „Emmely-freundlichen" Justiz im Übrigen auch aus einem anderen Grund nicht fundiert vorwerfen können: Es gilt nämlich der Satz „Keine Gleichheit im Unrecht". Selbst bei hinreichender Vergleichbarkeit der Sachverhalte und Rechtsfragen (siehe dazu aber oben) kann es nicht richtig sein, die Rechtsordnung an der einen Stelle nicht durchzusetzen, nur weil dies an anderer vergleichbarer Stelle auch nicht geschieht.

Kein Zweifel: Ereignisse wie die sogenannte Banken- und Finanzkrise tragen dazu bei, dass das Recht und die objektive Gerechtigkeit einerseits und das Rechtsempfinden andererseits tendenziell weiter auseinanderdriften. Das ist wahrlich keine gute Entwicklung …

Teil 2: Die Arbeitstechnik

XII. Noch einmal: Der Schlüssel zur Rechtsanwendung ist die Vernunft

Auch in anderen Bereichen werden von Unwissenden und Uneinsichtigen oft vorschnell „schreiende Ungerechtigkeiten" beklagt. Populistische Äußerungen sind heutzutage an der Tagesordnung. Bei den üblichen Reizthemen sind die Leute meist ahnungslos in der Sache, gerne aber umso entschlossener im Ton.

? Das Landgericht Frankfurt am Main hat Magnus Gäfgen (Täter im „Fall Jakob") im Zivilprozess gegen das Land Hessen wegen der „Folterdrohung" in der damaligen Vernehmung bei der Polizei Schmerzensgeld in Höhe von 3.000 € zugesprochen (von ursprünglich geforderten 10.000 €).

! Hier ging es um eine sehr spezielle Konstellation und um schwierige Rechtsfragen. Man hätte – juristisch vertretbar – auch zu einem anderen Ergebnis kommen können. Wir wollen nicht auf die juristischen Details eingehen, sondern das Augenmerk auf die überzogenen Reaktionen lenken.

Es sprach vernünftigerweise vieles dafür, dass dieses Urteil nicht nur „formal-juristisch" richtig, sondern auch in dem oben genannten Sinne objektiv gerecht ist. Grundlage für den der Höhe nach angemessen moderaten Anspruch war das rechtswidrige Verhalten der Vernehmungsbeamten. Der Jurist muss in der Lage sein, bei seinen Überlegungen die Tat des „Kindsmörders" strukturell unabhängig von den Methoden der Polizeibeamten zu sehen. Unmutsbekundungen wie „Welche Rechte hatte Jakob?" kann man als Ausdruck von Emotionen nachvollziehen. Sie gehen aber rational gesehen an der Sache vorbei.

Abermals: Die **Rechtsanwendung** ist ein **rationaler Vorgang**. Juristisch zu denken bedeutet auch und nicht zuletzt, dass man sich **nicht von Emotionen leiten lassen** darf. Der Jurist muss vernünftig denken und handeln. Gelegentlichen medialen Druck muss er standhaft aushalten, unausgegorene Meinungen (Stichwort „Stammtisch") dürfen die Rechtsanwendung nicht beeinflussen. Diese Eigenschaften und Fähigkeiten werden dann besonders auf die Probe gestellt, wenn man juristische Entscheidungen außerhalb des Wohlfühlbereichs treffen muss (wie das Landgericht Frankfurt am Main in dem geschilderten Fall).

Die Beispiele für emotional aufgeheizte Diskussionen auch und gerade zu Rechtsfragen scheinen sich zu häufen. Man denke etwa an den „Kachelmann-Prozess" und die Debatte um die geplante Aufführung des „Mohammed-Films".

Inzwischen scheucht manchmal sogar ein einzelnes Urteil die Hühner mächtig auf:

? Eine Berufungsstrafkammer des Landgerichts Köln (besetzt mit einem Berufsrichter und zwei Schöffen) hatte die religiös motivierte Beschneidung eines minderjährigen Jungen als rechtswidrige Körperverletzung angesehen.

! Darauf folgten bekanntlich wochenlange Debatten, schwer erträgliche Talkshowrunden und hektische Aktivität der Politik.

Teil 2: Die Arbeitstechnik

> Das Ergebnis ist wieder einmal eine umstrittene gesetzliche Regelung, nämlich der neue § 1631 d BGB zur *Beschneidung des männlichen Kindes.*

Fassen wir zusammen: **Die Vernunft hat oft einen schweren Stand** (Stichwort postrationale Gesellschaft). **Sie ist und bleibt aber** – insoweit ungebrochen – **die entscheidende Grundvoraussetzung für die Rechtsanwendung.**

Das lappt jetzt schon gehörig ins Rechtsphilosophische. Ein weites Feld ...

B. Sprache, Trennschärfe, Verständlichkeit

Wie wichtig gute Sprache ist, leuchtet abstrakt jedem ein. Das Problem ist nur, dass sich viele Menschen in der Praxis zu wenig dafür interessieren und sich nicht die Mühe machen, am eigenen Stil und Ausdruck zu arbeiten. Wer mit der Rechtsanwendung zu tun hat, sollte sich aber unbedingt darum kümmern! Das ist nicht viel anders als bei einem Koch, der seine Messer, Pfannen und Töpfe einsatzbereit und in Schuss halten sollte.

✖ *Ohne Klarheit in der Sprache wär' der Mensch nur ein Gartenzwerg.* (Element of Crime)

I. Das Leitbild: Gutes Deutsch

Die englische Sprache mag im Wirtschaftsleben und darüber hinaus auf dem Vormarsch sein, unser Hauptanhaltspunkt ist und bleibt zunächst einmal § 184 S. 1 des Gerichtsverfassungsgesetzes (GVG) mit seiner Grundaussage ...

 Die Gerichtssprache ist deutsch.

§ 184 S. 1 GVG ist ein erfrischend knapper, klarer Satz. Stört daran vielleicht dennoch etwas? Richtig, der Gesetzgeber hat es geschafft, eines von nur vier Wörtern in diesem Satz falsch zu schreiben. Das Wort „deutsch" hätte in dieser Variante groß geschrieben werden müssen. Unabhängig von den vielen Rechtschreibreformen wurde und wird „Deutsch" groß geschrieben, wenn wie hier die „deutsche Sprache" gemeint ist. Derselbe Fehler findet sich übrigens in § 23 Abs. 1 des Verwaltungsverfahrensgesetzes (VwVfG / *Die Amtssprache ist deutsch.*). Das ist immerhin konsequent.

Der Gesetzgeber schreibt falsch, na das fängt ja prima an ...

Eine gute Sprache (gutes Deutsch) ist in der gesamten Welt des Rechts enorm wichtig. Lange bevor man sich möglicherweise beruflich in der Gerichts- oder Amtspraxis tummelt (nur darauf stellen § 184 S. 1 GVG und § 23 Abs. 1 VwVfG unmittelbar ab), sollten die sprachlichen Fähigkeiten von Anfang an spezifisch trainiert, erweitert und durch regelmäßige gezielte Übung frisch gehalten werden.

Gerade im Jura-Studium besteht die Gefahr, dass die Sprache nicht genug geschult wird, weil man sich zu sehr auf vermeintlich wichtige „Spezialprobleme" in dem einen oder anderen Rechtsgebiet konzentriert.

Nur mit einer guten Sprache kann man die Gedanken und den eigenen Standpunkt verständlich machen und im Idealfall andere überzeugen. Die im Abschnitt A. ab Seite 24 besprochene

Teil 2: Die Arbeitstechnik

Rechtsanwendung ist nichts anderes als der gezielte Gebrauch der Sprache, wenn auch mit einigen Besonderheiten. Kurzum:

✖ Der Jurist sollte seine Sprachfähigkeiten schätzen, pflegen und stetig verbessern!

II. Die Sprache der Gesetze

Die Sprache der Gesetze wirkt immer wieder etwas sperrig, teilweise regelrecht antiquiert.

Eines der größten sprachlichen „Highlights" war der immerhin bis Mitte des Jahres 2002 geltende § 847 Abs. 2 BGB:

§ 847 Abs. 2 BGB (alter Fassung): *Ein gleicher Anspruch* [gemeint war ein Schmerzensgeldanspruch] *steht einer Frauensperson zu, gegen die ein Verbrechen oder Vergehen wider die Sittlichkeit begangen oder die durch Hinterlist, Drohung oder unter Mißbrauch eines Abhängigkeitsverhältnisses zur Gestattung der außerehelichen Beiwohnung bestimmt wird.*

Nun ja, der an die Stelle des § 847 BGB getretene § 253 Abs. 2 BGB liest sich auch nicht gerade „locker-flockig". Alltagssprache klingt anders, ist aber auch nicht der Maßstab des Gesetzgebers.

Volksnähe in der Sprache wird in den naturgemäß abstrakten Gesetzestexten meist nicht einmal angestrebt, weil diese auf Kosten der begrifflichen Präzision ginge.

Aber auch abstakte Gesetzestexte sollten so verständlich wie möglich formuliert sein. Leider gibt es viele Vorschriften, die unnötig kompliziert und verschachtelt formuliert sind. Ein Beispiel von vielen:

§ 229 BGB besteht aus einem langen, verwirrenden Satz mit vielen Varianten. Wie könnte die „Botschaft" verständlich auf den Punkt gebracht werden, ohne dass inhaltlich etwas verloren ginge? Wir werden darauf unten zurückkommen (siehe Seite 75).

III. Trennschärfe ist wichtig

Die Sprache ist das Werkzeug des Juristen (s.o.).

Aus Laiensicht wird es besonders dann problematisch, wenn Begriffe sowohl rechtstechnisch als auch „volkstümlich" verstanden werden und dabei Unterschiedliches gemeint ist.

Dazu einige typische Beispiele:

„**Besitz**" (§ 854 Abs. 1 BGB) wird laienhaft meist im Sinne von Eigentum gemeint.

Der „**Leihwagen**" ist tatsächlich in aller Regel ein Mietwagen (weil keine unentgeltliche Gebrauchsüberlassung, vgl. § 598 BGB im Gegensatz zu § 535 BGB)

Wer sich beim Nachbarn ein Stück Butter „**leiht**", wird dieses beispielsweise zum Kuchenbacken verwenden und kann es (also genau dieses Stück Butter) dann naturgemäß nicht mehr zurückgeben. Juristisch korrekt handelt es sich also um ein Sachdarlehen (§ 607 BGB). Wenn der Laie hingegen von einem „**Darlehen**" spricht, ist damit meist (nur) das Gelddarlehen gemeint (§ 488 BGB).

Teil 2: Die Arbeitstechnik

Der Laie versteht oft nur mit Mühe, dass der Jurist das Wort **„grundsätzlich"** präzise im Sinne von „es gibt Ausnahmen" versteht und nicht (volkstümlich) im Sinne von „ausnahmslos" (auch wir verwenden das Wort u.a. in diesem Buch „juristisch").

Alle diese Beispiele haben nichts mit „Juristendeutsch" im negativen Sinne zu tun, sondern mit Klarheit und Präzision im hier relevanten Zusammenhang, eben dem juristischen Zusammenhang.

Ob es dem Einzelnen nun persönlich liegt oder nicht: Es ist genau diese gedankliche und damit sprachliche Trennschärfe, die das Handwerk der Juristen ganz wesentlich ausmacht. Erinnern wir uns z.B. an den „Schäferhund-Fall" (Seiten 46 ff). Dort kam es nicht von ungefähr darauf an, genau zwischen dem (von vornherein) zahmen und dem gezähmten (ehemals wilden) Tier zu unterscheiden (§ 960 Abs. 3 BGB). Das war keine Haarspalterei als Selbstzweck, sondern von zentraler Bedeutung für die Fall-Lösung und für das Ergebnis.

Wenn Politiker **typisch fehlerhaft** vom **„Erneuerbaren Energiengesetz"** sprechen und wenn in der Wettervorhersage vom **„atlantischen Tiefausläufer"** die Rede ist, so sollte das jedenfalls nicht der Maßstab des Juristen sein (wohl auch nicht der Maßstab des Journalisten). Der Tiefausläufer ist nicht „atlantisch". Wenngleich das Gesetz vielleicht „erneuerbar" ist, so ist das doch nicht gemeint. Noch krasser wird es bei Sinnentstellungen, etwa beim **„Unlauteren Wettbewerbsgesetz"** (UWG / das Gesetz ist nicht „unlauter") oder – ganz schlimm – bei der **„humanitären Katastrophe"**.

Derartige Sprachkritik mag kleinkariert wirken. In vielen Fällen ist aber nun einmal – wie gesehen – **sprachliche Präzision zugleich juristische Präzision**.

IV. Juristendeutsch und Blähsprache vermeiden, anschaulich schreiben

Auf einem ganz anderen Blatt als die beschriebene begriffliche Trennschärfe steht die **dunkle Seite der Juristensprache**, nämlich die größtenteils unnötige Verwendung möglichst unverständlicher Begriffe, gerne lateinischer Herkunft: Man muss als Jurist nicht von einer „conditio sine qua non" sprechen, wenn man auf einen (Ursachen-)Zusammenhang hinaus will. Man kann das „argumentum a majore ad minus" auch verständlich „Erst-recht-Argument" nennen (wie wir es auf Seite 44 getan haben).

Überflüssig und vor allem gehäuft ärgerlich ist die **„Blähsprache"** (Papierdeutsch / Bürokratendeutsch), die durchaus auch im außerjuristischen Alltag vorkommt.

Das Fangen der Mäuse erfolgt durch Katzen wäre Bürokratendeutsch, wenn doch schlicht gemeint ist *Katzen fangen Mäuse.*

Warum nicht einfach *Ich weiß es nicht* statt *... entzieht sich meiner Kenntnis*, oder *liegt daran, ...* statt *ist dem Umstand geschuldet, ...*?

✖ Schreibe möglichst einfach, direkt und anschaulich, nicht sperrig, hölzern und geschraubt!

Vermeide also weitgehend **Passivkonstruktionen und Nominalstil**:

Teil 2: Die Arbeitstechnik

Die seitens des Vermieters erfolgte Kündigung kann keine Wirksamkeit entfalten. Hier finden wir sowohl Passivstil (Warnwort *erfolgt*) als auch Nominalstil (*Wirksamkeit*, Warnendungen „-ung", „-heit" und „-keit"). Erfrischend direkt und anschaulich liest sich dagegen folgende, inhaltlich mit dem Negativbeispiel identische Aussage: *Die Kündigung des Vermieters ist nicht wirksam.*

V. Präzision vor Abwechslung

In Schulaufsätzen mag es zum guten Ton gehören, Abwechslung in den Ausdruck zu bringen. Auch Journalisten verfolgen diesen Anspruch, häufig mit Hang zur Übertreibung und gelegentlich deutlich auf Kosten der Präzision:

Aus Dresden wird im nächsten Absatz *Elbflorenz*, aus Köln *die Domstadt* (deren gibt es viele). Berlin wird zur Abwechslung gerne *Spreemetropole* genannt. Aber auch Cottbus ist schon so bezeichnet worden, zugegebenermaßen in der Sache eher lächerlich.

Immer wieder hört und liest man Sätze wie *Karlsruhe hat entschieden.* Jetzt entscheiden schon ganze Städte über Rechtsfragen?

In all diesen Beispielen leidet – mehr oder weniger stark – die Genauigkeit.

Für Juristen schadet der Hang zur Abwechslung. Der Jurist sollte um der Präzision willen Begriffswiederholungen geradezu anstreben. Wegen der Trennschärfe in der Rechtsanwendung ist die Gefahr viel zu groß, dass die sprachliche Variante nur scheinbar gleichbedeutend ist.

Ein Beispiel für schädliche Abwechslung:

? Nur die **vorsätzliche** Sachbeschädigung ist gemäß §§ 303 Abs. 1, 15 StGB strafbar. T müsste demnach **bewusst** gehandelt haben, um den Tatbestand des § 303 Abs. 1 StGB zu erfüllen.

! „Bewusst" und „vorsätzlich" sind nicht gleichbedeutend. Dem juristischen Laien wird es schwerfallen, den Unterschied herauszuarbeiten. Der Jurist weiß aber: Den Vorsatz macht mehr als nur das Bewusstsein aus, er hat auch eine Komponente des Wollens. Entsprechend genügt „bewusstes Handeln" nicht, um den Vorsatz zu begründen. Das zeigt sich auch daran, dass es bewusste Fahrlässigkeit gibt. Man kann es logisch auf den Punkt bringen: Das Bewusstsein ist eine notwendige Voraussetzung für den Vorsatz, aber keine hinreichende Voraussetzung. Eine gewisse Wollenskomponente muss hinzukommen.

Also gilt für juristische Darstellungen: **Finger weg von Begriffsvariationen!**

Damit befreit man sich aus guten Gründen von dem sonst üblich gewordenen Zwang zur Variation.

Der Schreiber juristischer Texte muss und soll sich nicht den Kopf über Wörter zerbrechen, die mit Fachbegriffen sinnverwandt sein könnten.

Teil 2: Die Arbeitstechnik

VI. Verständlich formulieren

Die Grundregeln für verständliches Schreiben:

✖ Möglichst kurze Sinneinheiten

✖ Wichtige Aussagen sollen in Hauptsätzen stehen

✖ Keine längeren Einschübe (Satzungetüme)

Jeder kennt das:

Nebensatzkonstruktionen, lange Sinneinheiten und Verschachtelungen verstehen wir nur mühsam. Wir müssen einen komplizierten Satz mehrmals lesen, damit die Botschaft deutlich wird. Mal sind die Schwierigkeiten größer, mal geringer, je nach persönlichen Fähigkeiten, Gewohnheiten und Tagesform.

Unser Kurzzeitgedächtnis stößt an Grenzen, weil es nur etwa drei Sekunden „am Stück" funktioniert. In dieser Zeit kann der Mensch im Schnitt etwa sieben Wörter oder ungefähr 12 Silben aufnehmen. Das ist nicht viel!

Wird diese Kapazität überschritten, ist der Anfang der Sinneinheit schon wieder weg, wenn das Ende erfasst wird. Das Ende der Sinneinheit begreifen wir dann nicht mehr, weil der Anfang fehlt.

Werden wir konkret:

Als **Beispiel** hatten wir bereits **§ 229 BGB** erwähnt.

§ 229 BGB, wie er ist:

Wer zum Zwecke der Selbsthilfe eine Sache wegnimmt, zerstört oder beschädigt oder wer zum Zwecke der Selbsthilfe einen Verpflichteten, welcher der Flucht verdächtig ist, festnimmt oder den Widerstand des Verpflichteten gegen eine Handlung, die dieser zu dulden verpflichtet ist, beseitigt, handelt nicht widerrechtlich, wenn obrigkeitliche Hilfe nicht rechtzeitig zu erlangen ist und ohne sofortiges Eingreifen die Gefahr besteht, dass die Verwirklichung des Anspruchs vereitelt oder wesentlich erschwert werde.

Das ist gruselig, aber so oder ähnlich leider kein Einzelfall! Wie könnte man es besser, vor allem verständlicher formulieren?

§ 229 BGB, wie er sein sollte:

Abs. 1: Wer zum Zwecke der Selbsthilfe eine Sache wegnimmt, zerstört oder beschädigt, handelt nicht widerrechtlich, wenn 1. obrigkeitliche Hilfe nicht rechtzeitig zu erlangen ist und 2. ohne sofortiges Eingreifen die Gefahr besteht, dass die Verwirklichung des Anspruchs zumindest wesentlich erschwert wird.

Abs. 2: Unter den in Abs. 1 Nr. 1 und 2 genannten Voraussetzungen handelt ebenfalls nicht widerrechtlich, wer zum Zwecke der Selbsthilfe einen der Flucht verdächtigen Verpflichteten festnimmt.

Abs. 3: Unter den in Abs. 1 Nr. 1 und 2 genannten Voraussetzungen ist eine Handlung nicht widerrechtlich, die zum Zwecke der Selbsthilfe gegen den Widerstand des zur Duldung der Handlung Verpflichteten vorgenommen wird.

Zugegebenermaßen ist auch dies für Anfänger kompliziert genug. Aber einfacher geht es eben nicht, wenn man den Inhalt

Teil 2: Die Arbeitstechnik

vollständig wiedergeben will. Das Ganze wird immerhin viel verständlicher, wenn man die drei im Originaltext in einen langen Satz gequetschten Hauptvarianten getrennt darstellt (drei Absätze: Sache / Festnahme / Handlung).

Ein weiteres **Beispiel** aus der Welt des **Ordnungsrecht**s, eines Teils des öffentlichen Rechts. Es wird die Absicht einer Behörde geschildert:

? *Die zuständige Ordnungsbehörde will dem W, dessen Zuverlässigkeit wegen unsorgfältiger Verwahrung eines Jagdgewehrs als nicht mehr gegeben angesehen wird, weil er das Gewehr in seinem Arbeitszimmer hatte herumstehen lassen, sodass sein achtjähriger Enkel freien Zugang zu der Waffe hatte, die zudem funktionsfähig und geladen war, gemäß § 45 Abs. 2 S. 1 i.V.m. § 10 Abs. 1, § 4 Abs. 1, § 5 Abs. 1 Nr. 2 b) WaffG die Waffenbesitzkarte widerrufen.*

! Bei diesem noch recht harmlosen Negativbeispiel kann man die Kernaussage „Die Ordnungsbehörde will die Waffenbesitzkarte widerrufen" kaum auf Anhieb begreifen.
Viel verständlicher könnte das Ganze etwa so aussehen:
Die zuständige Ordnungsbehörde will dem W die Waffenbesitzkarte widerrufen. Grund dafür ist die aus Sicht der Behörde unsorgfältige Verwahrung eines Jagdgewehrs (§ 45 Abs. 2 S. 1 i.V.m. § 10 Abs. 1, § 4 Abs. 1, § 5 Abs. 1 Nr. 2 b) WaffG). W ließ das funktionsfähige Gewehr in geladenem Zustand in seinem Arbeitszimmer herumstehen. Deshalb hatte der achtjährige Enkel des E freien Zugang zu dem Jagdgewehr.

Man sieht an alledem: **Verständliches Schreiben gelingt, wenn man in geordneter Reihenfolge eins nach dem anderen schildert.** Im Beispiel beginnt man mit der Hauptaussage (Widerruf der Waffenbesitzkarte). Es folgt der rechtliche Grund dafür (unsorgfältige Verwahrung einer Waffe) und schließlich der Sachverhalt (geladenes Gewehr im Arbeitszimmer / Zugangsmöglichkeit für den Enkel).

Wer dagegen schachtelt, überfordert den Leser schnell. Damit nicht genug: Als „Schachtler" riskiert man mehr oder weniger peinliche Bezugsfehler:

? *Vier Menschen, zwei davon schwer, sind gestern Vormittag bei einem Unfall auf der Autobahn 3 zwischen den Anschlussstellen Olbertshausen und Offenbach verletzt worden.*

! Das Beispiel stammt nicht etwa aus irgendeinem Werbeblättchen, sondern aus einer „ehrwürdigen" Tageszeitung, für die gerne mit klugen Köpfen geworben wird (zitiert nach *Der Spiegel*, Nr. 41 aus 2012 vom 08.10.2012 aus der beliebten Rubrik „Hohlspiegel").

Als besonders gruseliges Beispiel für ein Satzungetüm darf schließlich die berühmte Eisenbahn-Definition des Reichsgerichts nicht fehlen:

? *Eine Eisenbahn ist ein Unternehmen, gerichtet auf wiederholte Fortbewegung von Personen oder Sachen über nicht ganz unbedeutende Raumstrecken auf metal-*

Teil 2: Die Arbeitstechnik

lener Grundlage, welche durch ihre Konsistenz, Kon-
struktion und Glätte den Transport großer Gewichtsmas-
sen bezw. die Erzielung einer verhältnismäßig bedeuten-
den Schnelligkeit der Transportbewegung zu ermögli-
chen bestimmt ist, und durch diese Eigenart in Verbin-
dung mit den außerdem zur Erzeugung der Transportbe-
wegung benutzten Naturkräften (Dampf, Elektrizität, tieri-
scher oder menschlicher Muskeltätigkeit, bei geneigter
Ebene der Bahn auch schon der eigenen Schwere der
Transportgefäße und der Ladung etc.) bei dem Betriebe
des Unternehmens auf derselben eine verhältnismäßig
gewaltige (je nach den Umständen nur in bezweckter
Weise nützliche, oder auch Menschenleben vernichtende
und die menschliche Gesundheit gefährdende) Wirkung
zu erzeugen fähig ist. (RGZ 1, 247, 251)

! Grausam! Unter Verzicht auf ein paar Detailinforma-
tionen hätte auch ein kurzer, klarer Satz genügt. Etwa so:
Eine Eisenbahn ist ein schienengebundenes Fortbewe-
gungsmittel mit hohem Gewicht und verhältnismäßig ho-
her Geschwindigkeit über längere Strecken.

Eine verständliche Sprache ist wichtig, aber auch nicht alles.
Man sollte schon wissen, worum es in der Sache geht. Wir sehen uns zunächst das Zivilrecht an ...

Teil 3: Grundlagen des Zivilrechts

Im Zentrum des Zivilrechts steht das **Bürgerliche Gesetzbuch (BGB)**. In manchen Bereichen des (allgemeinen) Zivilrechts spielen **Nebengesetze** eine wesentliche Rolle. So ist bei Verkehrsunfällen an einschlägige Vorschriften im Straßenverkehrsgesetz (StVG) und in der Straßenverkehrsordnung (StVO) zu denken.

Praktisch bedeutsame **Sonder-Rechtsgebiete** sind vor allem das Sonderrecht der Kaufleute (geregelt im Handelsgesetzbuch – kurz HGB – mit seinen Nebengesetzen) und das Arbeitsrecht.

Das Arbeitsrecht hat eine eigene Gerichtsbarkeit (die Arbeitsgerichte), wobei dieses Sonder-Rechtsgebiet von den Grundregeln her nach wie vor im BGB enthalten ist (§§ 611 ff BGB).

A. Das BGB ...
Aufbau, Strukturen, Trennungsprinzip

Das BGB ist nach langer Arbeit zum 01.01.1900 in Kraft getreten. Es handelt sich also aus heutiger Sicht um ein sehr altes Gesetz. Über die vielen Jahrzehnte seines Bestehens hinweg ist das BGB in Teilbereichen stark reformiert worden (insbesondere im Schuldrecht und im Familienrecht). Andere Bereiche sind in weiten Teilen so gut wie unangetastet geblieben und bestehen in ihrer ursprünglichen Fassung fort (so im Allgemeinen Teil, im Sachenrecht und im Erbrecht).

Teil 3: Grundlagen des Zivilrechts

I. Der Aufbau des BGB: Fünf Bücher, kein durchgehendes Ordnungsprinzip

Der Aufbau erschließt sich mithilfe der **Inhaltsübersicht des BGB**.

Die Grobgliederung lässt **fünf Bücher** erkennen, nämlich

1. den Allgemeinen Teil

2. das Recht der Schuldverhältnisse (Schuldrecht)

3. das Sachenrecht

4. das Familienrecht

5. das Erbrecht

Jedes dieser Bücher ist weiter in Abschnitte gegliedert, die dann (teilweise) zu weiteren Verästelungen in den Titeln, den Untertiteln und den Kapiteln führen.

Der Aufbau ist weitgehend logisch, aber aufgrund seiner Komplexität auf Anhieb nur schwer verständlich.

Gedanklich kommen im Wesentlichen **zwei Ordnungsprinzipien** in Betracht. Man kann das Allgemeine vor dem Besonderen regeln oder aber nach Lebensbereichen gliedern.

Im BGB sind beide Prinzipen verwirklicht, indem die **Unterscheidung zwischen Schuld- und Sachenrecht formal-juristisch** stattfindet, **während das Familien- und Erbrecht sich vom Ansatz her jeweils auf große Lebensbereiche bezieht.**

II. Die Funktion des Allgemeinen Teils

Der Allgemeine Teil enthält **vor die Klammer gezogen** die Vorschriften, die allgemeingültig für alle übrigen Bücher gelten sollen, soweit dort nichts anderes (spezieller) geregelt ist. Im Allgemeinen Teil geht es vor allem um Rechtsgeschäfte. Die Gesetzesstruktur des vor die Klammer gezogenen Allgemeinen Teils ist übrigens keine Seltenheit, sondern in vielen wichtigen Gesetzen anzutreffen. Wir werden darauf zurückkommen.

III. Struktur: Schuldrecht und Sachenrecht / Trennungsprinzip und Abstraktionsprinzip

Für das Verständnis ist es wichtig, sich die sehr unterschiedlichen Grundregeln im Schuldrecht einerseits und im Sachenrecht andererseits klarzumachen.

Was ein **Schuldverhältnis** ist, verdeutlicht allgemein § 241 BGB. Der schuldrechtliche Anspruch wird **Forderung** genannt. Der aus dem Schuldverhältnis Berechtigte ist der **Gläubiger**, der Verpflichtete ist der **Schuldner**.

Nur zwischen den Partnern des Schuldverhältnisses (z.B. den Vertragsparteien) wirkt die Forderung. Sie ist ein **relatives Recht**. Ein Schuldverhältnis kommt häufig durch Vertrag zustande. Das muss aber nicht so sein. Es gibt neben den vertraglichen Schuldverhältnissen auch gesetzliche Schuldverhältnisse, wie sie z.B. durch ein Unfallereignis entstehen:

? V fährt mit seinem VW-Transporter rückwärts aus einer Einfahrt. Motorradfahrer M kann mit seiner Kawasaki wegen leicht überhöhter Geschwindigkeit nicht mehr rechtzeitig ausweichen und streift die hintere rechte Ecke des Transporters. An beiden Fahrzeugen entstehen Sachschäden. [im Ernstfall folgen nähere Ausführungen zum Unfallhergang und zu den entstandenen Schäden].

Hat M gegen V wegen des Verkehrsunfalls einen Anspruch auf Ersatz der für die Reparatur seines Motorrades erforderlichen Kosten?

Hat umgekehrt V gegen M einen Schadensersatzanspruch?

! Durch den Unfall ist ein gesetzliches Schuldverhältnis zwischen V und M entstanden. Auf der Suche nach in Betracht kommenden Anspruchsgrundlagen werden wir im BGB und im Straßenverkehrsgesetz fündig: § 823 BGB und – für durch Kraftfahrzeuge verursachte Verkehrsunfälle – §§ 7 Abs. 1, 18 Abs. 1 S. 1 StVG.

Im Gegensatz zu den relativen Rechten (Schuldrecht) wirken die im **Sachenrecht** geregelten Rechte nicht nur im Verhältnis zu bestimmten Personen, sondern **gegenüber jedermann**. Es sind anders als die (schuldrechtlichen) Forderungen **absolute Rechte**. Das Paradebeispiel für ein solches absolutes Recht ist das Eigentum (vgl. § 903 S. 1 BGB).

Diese formal-juristische Unterscheidung führt auch zum sogenannten **Trennungsprinzip** und zum daraus folgenden **Abstraktionsprinzip**.

Schuldrechtliche Rechtsgeschäfte sind juristisch von den sachenrechtlichen Rechtsgeschäften zu trennen und folgerichtig von ihrem rechtlichen Schicksal her (z.B. Nichtigkeit) abstrakt zu betrachten:

? Zu der Fahrzeugsammlung des B gehört eine alte „Schwalbe" KR 51 (legendär gewordenes Kleinkraftrad aus DDR-Zeiten). A interessiert sich für diese „Schwalbe" und will sie erwerben, um damit an der nächsten „Rallye Monte Lugau" teilnehmen zu können. Telefonisch einigen sich A und B auf einen Kaufpreis von 300 €. Am nächsten Tag kommt A absprachegemäß zu B, um den Kaufpreis zu zahlen und um die „Schwalbe" mitzunehmen. So geschieht es. A drückt B drei 100-Euro-Scheine in die Hand und erhält dafür von B die „Schwalbe". Was ist juristisch gesehen passiert?

! Im täglichen Leben findet ein Erwerbsvorgang oft in wenigen Sekunden statt, man denke ganz banal an den Erwerb von Brötchen in der Bäckerei. In unserem Beispiel ist der Erwerbsvorgang zur Verdeutlichung zeitlich etwas gestreckt.

Beantworten wir die Fallfrage: Was ist dort juristisch passiert?

Am Telefon haben sich A und B geeinigt, sie haben einen Kaufvertrag geschlossen (§ 433 BGB). Dieses schuldrechtliche Verpflichtungsgeschäft hat aber an der sachenrechtlichen Lage nichts geändert. Zunächst einmal ist nur ein Schuldverhältnis entstanden. Dieses Schuldverhältnis (Kaufvertrag) verpflichtet A, den Kaufpreis an B zu zahlen (§ 433 Abs. 2 BGB) und im Gegenzug B, die Kaufsache an A zu übergeben und ihm das Eigentum daran zu verschaffen (§ 433 Abs. 1 BGB).

Diese gegenseitigen Ansprüche sind rein schuldrechtlicher Natur, also Forderungen (vgl. abermals § 241

Abs. 1 S. 1 BGB). Es sind relative Rechte, weil sie nicht gegenüber beliebigen Personen, sondern nur gegenüber dem Vertragspartner geltend zu machen sind. An der sachenrechtlichen Lage hat sich durch das Verpflichtungsgeschäft (noch) nichts geändert.

Die sachenrechtlichen Rechtsgeschäfte haben (erst) am nächsten Tag stattgefunden, nämlich jeweils in Erfüllung der schuldrechtlichen Verpflichtungen aus dem Kaufvertrag (vgl. § 362 Abs. 1 BGB).

Durch Einigung und Übergabe hat gemäß § 929 S. 1 BGB zunächst A das Eigentum an dem Geld auf B übertragen (ein sachenrechtliches Rechtsgeschäft, eine sogenannte Verfügung in Erfüllung seiner schuldrechtlichen Verpflichtung).

Dann hat B im Gegenzug das Eigentum an der „Schwalbe" auf A übertragen, ebenfalls gemäß § 929 S. 1 BGB (ein sachenrechtliches Rechtsgeschäft, eine sogenannte Verfügung in Erfüllung seiner schuldrechtlichen Verpflichtung).

Insgesamt haben also drei Rechtsgeschäfte stattgefunden, das schuldrechtliche Verpflichtungsgeschäft (Kaufvertrag) und zwei sachenrechtliche Verfügungen (Übereignung des Geldes einerseits und Übereignung der Kaufsache andererseits).

So liegt es bei jedem noch so banalen Erwerbsvorgang des täglichen Lebens. Die juristische Unterscheidung ist vor allem dann praktisch relevant, wenn es zu „Störungen" kommt. Diese „Störungen" betreffen in der Regel nicht alle drei Rechtsgeschäfte gleichermaßen. Vielmehr ist insoweit eine differenzierte Betrachtung angesagt. Dazu bald mehr …

B. Zivilrecht verstehen anhand zentraler Begriffe

Die weiteren Grundlagen des Zivilrechts werden – didaktisch sinnvoll – anhand zentraler Begriffe im Zivilrecht dargestellt.

I. Rechtssubjekte (Personen)

Unter „Personen" (so die Bezeichnung des BGB für Rechtssubjekte) kann sich jeder etwas vorstellen. Der juristische Laie wird dabei zunächst nur an Menschen und damit an **natürliche Personen** denken. Es gibt aber auch **juristische Personen**. Beispielsweise kann auch eine Gesellschaft mit beschränkter Haftung (GmbH) oder eine Aktiengesellschaft (AG) Träger von Rechten und Pflichten sein. Sie ist als juristische Person rechtsfähig, kann beispielsweise Verträge schließen und Eigentümerin sein.

Sachen gehören dagegen zu den Rechtsobjekten. Sie können keine Rechte haben, an ihnen können aber Rechte bestehen.

1. Natürliche Personen

a. Rechtsfähigkeit

Die **Rechtsfähigkeit** der Menschen beginnt gemäß § 1 BGB mit der Geburt und endet mit dem Tod. Die Rechtsfähigkeit ist streng von der Geschäftsfähigkeit, aber auch von der Deliktsfähigkeit zu unterscheiden. Die Deliktsfähigkeit und die Geschäftsfähigkeit spielen in Ausbildung und Prüfung eine wesentlich wichtigere Rolle als die Rechtsfähigkeit.

Teil 3: Grundlagen des Zivilrechts

b. Geschäftsfähigkeit

Wer geschäftsfähig ist, kann rechtlich relevante Willenserklärungen abgeben. Er kann Rechtsgeschäfte wirksam herbeiführen. **Geschäftsunfähig** ist, wer nicht älter als sechs Jahre ist (§§ 104 Nr. 1, 105 Abs. 1 BGB). Nach Vollendung des siebenten Lebensjahres (also ab dem siebenten Geburtstag) bis zur Vollendung des 18. Lebensjahres sind Minderjährige **beschränkt geschäftsfähig** (§ 106 BGB i.V.m. dem erwähnten Umkehrschluss aus § 2 BGB). Ab 18 Jahren ist man bekanntlich volljährig und dann auch **voll geschäftsfähig**.

Damit eine Willenserklärung des beschränkt Geschäftsfähigen von vornherein wirksam ist, bedarf es der **Einwilligung** des gesetzlichen Vertreters (Einwilligung ist die vorherige Zustimmung, vgl. § 183 S. 1 BGB). Eine **Ausnahme** gilt **gemäß § 107 BGB** nur **für rechtlich lediglich vorteilhafte Willenserklärungen**.

? Die beiden achtjährigen Kinder B und A sind befreundet. Der Vater des B drückt bei einem gemeinsamen Ausflug dem A ein kleines Spielzeugauto in die Hand und sagt zu ihm: „Das kannst du behalten, ich schenke es dir." Was hat sich juristisch abgespielt? Wirksamkeitsbedenken?

! Beachte auch hier das Trennungs- und Abstraktionsprinzip (siehe Seiten 82 ff)!
Schuldrechtlich ist ein Verpflichtungsgeschäft, konkret ein Schenkungsvertrag geschlossen worden. Dieser Vertrag war allerdings zunächst einmal formnichtig (vgl. §§ 516 Abs. 1, 518 Abs. 1 S. 1, 125 S. 1 BGB). Der Formmangel ist aber durch das sachenrechtliche Verfügungsgeschäft (Übereignung des Autos gemäß § 929 S.

1 BGB) gemäß § 518 Abs. 2 BGB geheilt worden. Wirksamkeitsbedenken mit Blick auf den Schenkungsvertrag könnten sich daher nur angesichts der beschränkten Geschäftsfähigkeit des achtjährigen A ergeben (§§ 106 ff BGB). Da der Schenkungsvertrag aber keine Verpflichtungen des Minderjährigen mit sich bringt, erlangt er dadurch *lediglich einen rechtlichen Vorteil.* Deshalb bedarf es hier nach § 107 BGB keiner Einwilligung des gesetzlichen Vertreters des A. Die Wirksamkeit des Schenkungsvertrags hing zu keinem Zeitpunkt von einer Zustimmung der Eltern des A ab.

Ein besonderer **Fall der konkludenten** (nicht ausdrücklich erklärten) **Einwilligung** ist in **§ 110 BGB** geregelt (sogenannter Taschengeldparagraf):

? A erhält zu seinem dreizehnten Geburtstag von seinen Großeltern insgesamt 300 €, damit er sich nach seiner Wahl ein Fahrrad kaufen kann. Die Eltern wissen davon und sind einverstanden. A erwirbt das ersehnte Fahrrad und taucht damit stolz bei den Eltern auf. Im Nachhinein sind die Eltern aber mit der Wahl des Sohnes unzufrieden und überlegen nun, ob der Kaufvertrag wirksam zustande gekommen ist.
Ist der Kaufvertrag wirksam zustande gekommen?

! Ja, der Kaufvertrag *gilt* gemäß § 110 BGB *als von Anfang an wirksam.* Das Geld ist A gezielt überlassen worden, damit er sich nach seiner Wahl ein Fahrrad kauft. Die Eltern als gesetzliche Vertreter haben dem A das Geld zwar nicht selbst überlassen, wohl aber die

Großeltern („Dritte" im Sinne des § 110 BGB) mit Zustimmung der Eltern.

Das Gesetz regelt das, was man schon aus dem Bauch heraus zu dem Fall anmerken möchte. Sinngemäß etwa so: Wenn ihr damit einverstanden seid, dass euer Sohn sich mit dem überlassenen Geld in einem bestimmten Rahmen selbst etwas kauft, dann beschwert euch anschließend nicht, wenn er genau dies tut. Das nennt man Rechtsgefühl (Judiz).

Gesetzliche Vertreter sind bei Minderjährigen meist die Eltern (§§ 1629, 1629 a BGB), besondere Rechtsgeschäfte bedürfen der familiengerichtlichen Genehmigung (vgl. § 1643 BGB). Gegebenenfalls ist gesetzlicher Vertreter der Vormund (§ 1773 BGB).

Exkurs Betreuung: Bei Volljährigen nimmt der Betreuer in seinem Aufgabenkreis die Stellung des gesetzlichen Vertreters ein (§§ 1896, 1902 BGB / wobei der Betreute nicht unbedingt nach § 104 Nr. 2 BGB geschäftsunfähig sein muss). Um nach Möglichkeit eine Betreuung i.S.d. §§ 1896 ff BGB zu vermeiden, sollten für den Ernstfall sinnvollerweise **Vorsorgevollmachten** erteilt werden.

Zurück zu den Minderjährigen: **Von beschränkt Geschäftsfähigen geschlossene Verträge sind ohne Einwilligung der gesetzlichen Vertreter grundsätzlich schwebend unwirksam.** Sie bedürfen also zu ihrer Wirksamkeit der Genehmigung (der nachträglichen Zustimmung, vgl. § 184 Abs. 1 BGB) des Vertreters oder gegebenenfalls des inzwischen volljährigen Minderjährigen:

? F ist neun Jahre alt. Er bestellt ohne Wissen seiner Eltern ein Fahrrad für 200 €. Das Fahrrad wird geliefert. Die Eltern sind mit dem Geschäft einverstanden und beglückwünschen F zu seiner guten Wahl. Hat der Verkäufer einen Anspruch auf Kaufpreiszahlung? Wenn ja, gegen wen?

! Anspruchsgrundlage für die Kaufpreiszahlung wäre § 433 Abs. 2 BGB. Dazu müsste ein wirksamer Kaufvertrag gegeben sein. Der Kaufvertrag war gemäß § 108 Abs. 1 BGB zunächst schwebend unwirksam, die Eltern haben aber die Genehmigung erteilt. Dass diese Genehmigung grundsätzlich auch dem Minderjährigen gegenüber wirksam erklärt werden kann, ergibt sich aus § 108 Abs. 2 BGB. Der Verkäufer (*der andere Teil*) hat hier die Eltern nicht zur Genehmigung ihm gegenüber aufgefordert. Wegen der Genehmigung der Eltern ist der Kaufvertrag wirksam. Es besteht ein Anspruch des Verkäufers auf Kaufpreiszahlung aus § 433 Abs. 2 BGB. Dieser Anspruch richtet sich gegen F als Vertragspartner, nicht etwa gegen die Eltern. Diese sind nur gesetzlicher Vertreter des Minderjährigen (vgl. auch § 108 Abs. 3 BGB).

Die §§ 112, 113 BGB erweitern die Geschäftsfähigkeit des Minderjährigen partiell, nämlich für bestimmte Lebensbereiche:

? Der 16-jährige A soll nach dem Willen seiner Eltern endlich damit anfangen, Geld zu verdienen. Er unterzeichnet selbstständig und ohne konkrete Absprache mit den Eltern einen Ausbildungsvertrag. Der „Lehrherr" teilt

A jedoch nach Ablauf eines Jahres mit, er brauche nicht mehr bei ihm zu erscheinen, da der Vertrag vor dem Hintergrund beschränkter Geschäftsfähigkeit des A ohnehin unwirksam sei. Ist diese Ansicht richtig?

! Nein, der Vertrag war von Anfang an wirksam. Unter den gegebenen Voraussetzungen war A gemäß § 113 Abs. 1 S. 1 BGB für den Abschluss des Ausbildungsvertrags unbeschränkt geschäftsfähig.

Ein Unterfall der Geschäftsfähigkeit ist die **Testierfähigkeit**. Speziell hier spielt die Vollendung des 16. Lebensjahres die entscheidende Rolle (§ 2229 BGB).

c. Deliktsfähigkeit

§ 823 Abs. 1 BGB verlangt mit der Formulierung ... *vorsätzlich oder fahrlässig* ... ein Verschulden des Anspruchsgegners. Ein solches Verschulden setzt entsprechende Fähigkeit voraus, die sogenannte Deliktsfähigkeit (§§ 827, 828, 829 BGB). Diese **Verschuldensfähigkeit** ist streng zu unterscheiden von der „erst" ab 14 Jahren grundsätzlich gegebenen strafrechtlichen Schuldfähigkeit (§§ 19, 20, 21 StGB).

Bei Minderjährigen kommt im Umkehrschluss aus § 828 Abs. 1 BGB Verschuldensfähigkeit ab dem siebenten Geburtstag in Betracht. Im Alter von sieben bis einschließlich 17 Jahren richtet sich die Verantwortlichkeit grundsätzlich nach der Einsichtsfähigkeit (§ 828 Abs. 3 BGB). Allerdings hat der Gesetzgeber mit § 828 Abs. 2 BGB speziell bei den dort beschriebenen Unfällen die Haftung für das Alter zwischen sieben und einschließlich neun Jahren auf vorsätzlich herbeigeführte Rechtsgutverletzungen beschränkt.

? Der achtjährige B wirft aus kindlichem Übermut Kieselsteine über eine zwei Meter hohe Mauer. Ihm ist nicht bewusst, dass sich auf der anderen Seite der Mauer der dort geparkte Opel Astra des A befindet. Einer der von B geworfenen Steine beschädigt das Dach des Fahrzeugs. A wendet sich nun an die Eltern in deren Eigenschaft als gesetzliche Vertreter des B und verlangt Schadensersatz. Hat A gegen B – gesetzlich vertreten durch dessen Eltern – einen Schadensersatzanspruch?

! Hier spricht vieles dafür, B als nicht deliktsfähig anzusehen, weil der kindliche Übermut die mögliche Kenntnis von der Gefahr derart überlagert hat, dass die Einsichtsfähigkeit in die Gefährlichkeit des Handelns gefehlt hat (§ 828 Abs. 3 BGB). Dagegen dürfte die Verantwortlichkeit des B nicht schon gemäß § 828 Abs. 2 BGB ausgeschlossen gewesen sein (keine typische Straßenverkehrssituation und damit kein Unfall i.S.d. § 828 Abs. 2 BGB / wieder einmal ein Ergebnis der Gesetzesauslegung). Es ist nur nach einem Anspruch gegen B gefragt, die Eltern fungieren in diesem Beispiel nur als dessen gesetzliche Vertreter. Ob A einen Anspruch unmittelbar gegen die Eltern wegen deren Aufsichtspflicht aus § 832 Abs. 1 S. 1 BGB hat, steht auf einem anderen Blatt (der Sachverhalt gibt für eine solche Prüfung nicht genug her, siehe insbesondere § 832 Abs. 1 S. 2 BGB).

Fassen wir zusammen: Bei Minderjährigen können die Geschäftsfähigkeit und die Deliktsfähigkeit Probleme bereiten.

Teil 3: Grundlagen des Zivilrechts

2. Juristische Personen

Juristische Personen **des öffentlichen Rechts** sind Körperschaften, Anstalten und Stiftungen des öffentlichen Rechts.

Juristische Personen **des Privatrechts** sind Vereine (§§ 21 ff, 55 ff BGB), die Gesellschaft Bürgerlichen Rechts (GbR, §§ 705 ff BGB), privatrechtliche Stiftungen (§§ 80 ff BGB) und – wirtschaftlich besonders bedeutsam – die sogenannten Vereine des Handelsrechts, insbesondere die Gesellschaft mit beschränkter Haftung (GmbH), die Aktiengesellschaft (AG), die Offene Handelsgesellschaft (OHG, § 124 Abs. 1 HGB) und die Kommanditgesellschaft (KG, §§ 161 Abs. 2, 124 Abs. 1 HGB).

II. Rechtsobjekte (Gegenstände)

Körperliche Gegenstände sind **Sachen** (§ 90 BGB) und **Tiere** (§ 90 a BGB). Das Sachenrecht ist geprägt von der Unterteilung in bewegliche Sachen und Grundstücke (unbewegliche Sachen).

Unkörperliche Gegenstände sind **Rechte**. Die Unterscheidung zwischen relativen und absoluten Rechten ist oben schon ausführlich erläutert worden (Struktur: Schuldrecht und Sachenrecht, siehe Seiten 81 f). Zur Erinnerung: Die relativ wirkenden schuldrechtlichen Ansprüche nennt man Forderungen (§§ 194 Abs. 1, 241 Abs. 1 S. 1 BGB).

Die Unterscheidung zwischen Sachen und Rechten wird übrigens in den §§ 99 bis 101, 103 BGB besonders deutlich.

Vielleicht für Anfänger überraschend: Man kann auch Rechte kaufen (§ 453 Abs. 1 BGB). Eine Forderung wird in Erfüllung eines solchen Kaufvertrags gemäß § 398 BGB übertragen.

B. Zivilrecht verstehen anhand zentraler Begriffe
III. Rechtsgeschäfte
1. ... einseitige und zweiseitige Rechtsgeschäfte

III. Rechtsgeschäfte

1. Unterscheide einseitige und zweiseitige Rechtsgeschäfte

Wenn nur eine Person beteiligt ist, spricht man von **einseitigen Rechtsgeschäften**.

✖ Neben den §§ 958, 959 BGB (bereits bei dem „Schäferhund-Fall" besprochen, Seiten 46 ff) ist hier vor allem an die sogenannten Gestaltungsrechte zu denken. Dazu zählen die Anfechtung (§§ 119 ff, 142 ff BGB), der Rücktritt (§§ 346 ff BGB), die Aufrechnung (§§ 387 ff BGB), der Widerruf (§§ 355 ff BGB), die Minderung (§§ 441, 638 BGB) und die Kündigung (vgl. § 314 BGB). Auch das Testament ist ein einseitiges Rechtsgeschäft (§§ 1937 ff, 2229 ff BGB).

Sehr oft wird man es mit **zweiseitigen Rechtsgeschäften, also Verträgen** zu tun haben (vgl. § 311 Abs. 1 BGB). Das BGB nennt in §§ 433 ff *Einzelne Schuldverhältnisse* (Kaufvertrag, Mietvertrag, Pachtvertrag usw.). In der Praxis gibt es jenseits dieser typisierten Schuldverhältnisse Verträge beliebiger Art. Sie können Elemente der typisierten Schuldverhältnisse aufweisen, ohne ihnen ganz zu entsprechen. Die Frage ist dann immer, welche Normen auf Verträge anzuwenden sind, die aus BGB-Sicht atypisch sind.

✖ Paradebeispiel für eine atypische, nicht im BGB geregelte Vertragsart ist der Leasingvertrag in seinen spezifischen Erscheinungsformen.

Teil 3: Grundlagen des Zivilrechts

2. Noch einmal: Verpflichtungsverträge und Verfügungsverträge / Die Auswirkungen des Trennungs- und des Abstraktionsprinzips

Wie alle Verträge kommen auch **Verpflichtungsverträge** durch beiderseitige, übereinstimmende Willenserklärungen zustande und verpflichten häufig auch zweiseitig. Es besteht – wie etwa beim Kaufvertrag (§ 433 BGB) – eine Verpflichtung zur Leistung und eine Verpflichtung zur Gegenleistung, die miteinander gegenseitig verknüpft sind (vgl. § 320 Abs. 1 S. 1 BGB / sogenannte synallagmatische Verknüpfung). Es gibt aber auch einseitig verpflichtende Verträge wie etwa das bereits dargestellte Schenkungsversprechen (§ 518 BGB).

Verfügungsverträge sind Übertragungen, Aufhebungen, Belastungen oder Inhaltsänderungen eines bestehenden Rechts. Wir hatten in dem Fall mit der „Schwalbe" (Seiten 83 f) sachenrechtliche Verfügungsgeschäfte gemäß § 929 Abs. 1 S. 1 BGB zur Erfüllung der schuldrechtlichen Verpflichtungen kennengelernt. Das waren die sogenannten **Erfüllungsgeschäfte**, die **getrennt und abstrakt von dem zugrunde liegenden Verpflichtungsgeschäft zu betrachten** sind.

Was das konkret bedeutet, zeigt sich an dem folgenden Beispiel:

? A verkauft seine Digitalkamera an B. Einige Tage später findet die Übereignung der Kamera gegen Zahlung des Kaufpreises (150 €) statt. Dann stellt sich heraus, dass A beim Abschluss des Kaufvertrags aufgrund massiven Drogeneinflusses vorübergehend in seiner Geistestätigkeit gestört war. A verlangt die Kamera nun von B zurück. B sieht das nicht ein und fragt sich, ob er – wenn er schon zur Rückgabe der Kamera verpflichtet sein sollte – im Gegenzug wenigstens den Kaufpreis zurückerhält. Wie ist die Rechtslage?

! Die Willenserklärung des A im Zusammenhang mit dem Abschluss des Kaufvertrags (Verpflichtungsgeschäft) war gemäß § 105 Abs. 2 Var. 2 BGB nichtig. Die getrennt und abstrakt zu betrachtende Übereignung der Kamera gemäß § 929 S. 1 BGB (Verfügungsgeschäft, hier Tage später) war aber wirksam, sodass Anspruchsgegner B Eigentümer der Kamera geworden ist. Weil A also nicht mehr Eigentümer ist, scheidet § 985 BGB als Anspruchsgrundlage aus. Hier kommt aber **§ 812 Abs. 1 S. 1 Var. 1 BGB** ins Spiel. Diese **bereicherungsrechtliche Anspruchsgrundlage** wirkt sozusagen als Korrektiv für die Folgen des Abstraktionsprinzips. **A hat aus einem gesetzlichen Schuldverhältnis heraus einen bereicherungsrechtlichen Anspruch, weil B die Kamera durch die Leistung des A ohne rechtlichen Grund erlangt hat** (der Kaufvertrag ist ja nie wirksam zustande gekommen). Der Ausgleich funktioniert konsequenterweise auch umgekehrt. **B kann** also **den Kaufpreis mit Erfolg zurückverlangen**, ebenfalls aus § 812 Abs. 1 S. 1 Var. 1 BGB (siehe näher zum Bereicherungsrecht unten ab Seite 107).

Verfügungen kommen nicht nur im Sachenrecht vor, sondern auch im Schuldrecht, insbesondere bei der Aufrechnung (§§ 387 ff BGB), beim Erlass (§ 397 BGB), bei der bereits angesprochenen Abtretung einer Forderung auf einen neuen Inhaber (§§ 398 ff BGB / siehe Seite 92) und bei der befreienden Schuldübernahme (§§ 414 ff BGB).

Noch einmal, weil es so wichtig ist: Die Verfügung wirkt unmittelbar auf das jeweilige Recht ein. Darin unterscheidet sich das Verfügungsgeschäft vom Verpflichtungsgeschäft. Das Verpflichtungsgeschäft führt „nur" zu einem Schuldverhältnis.

Teil 3: Grundlagen des Zivilrechts

3. Willenserklärungen / Auslegung / Anfechtung

a. Willenserklärungen im Allgemeinen

Rechtsgeschäfte bestehen aus mindestens einer **Willenserklärung**. Der **Wille muss auf eine rechtliche Verpflichtung gerichtet sein**, nicht lediglich auf eine Gefälligkeit.

? A wird von B zum Essen eingeladen. Die beiden vereinbaren einen Termin. Als der Tag des Abendessens naht, sagt B kurzfristig ab. A ist verärgert. Kann das Verhalten des B rechtliche Konsequenzen haben?

! Nein, die Einladung zum Abendessen ist grundsätzlich eine alltägliche Gefälligkeit und damit nicht bindend. B ist keine rechtliche Verpflichtung eingegangen, es fehlt der sogenannte Rechtsbindungswille. Anders kann es z.B. liegen, wenn der Eingeladene zum Ausdruck bringt, dass er sich auf den Termin verlassen können müsse, etwa weil er deswegen andere wichtige Termine absagt.

Willenserklärungen sind in der Regel (nicht ausnahmslos) empfangsbedürftig, müssen also dem Empfänger zugehen, um wirksam zu werden (§ 130 Abs. 1 S. 1 BGB). **Zugang** einer Willenserklärung bedeutet, dass diese in den Machtbereich des Empfängers gelangt ist.

Dazu ein Beispiel:

? Das Kündigungsschreiben wird in den Briefkasten des Empfängers eingeworfen. Ist die Willenserklärung zugegangen?

! Mit dem Einwurf ist die Erklärung zugegangen und damit die Wirksamkeitsvoraussetzung des § 130 Abs. 1 S. 1 BGB erfüllt. Ob und gegebenenfalls wann der Empfänger das Schreiben zur Kenntnis nimmt, ist für den Zugang bedeutungslos.

Eine wichtige Ausnahme vom Zugangserfordernis regelt § 151 S. 1 BGB:

? Der Gläubiger einer Forderung bietet dem Schuldner an, die Forderung durch Vertrag zu erlassen (vgl. § 397 Abs. 1 BGB).

! Ein solcher Erlassvertrag kann für den Schuldner nur Vorteile haben. Deshalb ist *nach der Verkehrssitte* nicht zu erwarten, dass der Schuldner die Annahme gegenüber dem Gläubiger erklärt. Dieser Vertrag kommt gemäß § 151 S. 1 BGB auch ohne Zugang einer Annahmeerklärung zustande.

Willenserklärungen müssen nicht notwendig ausdrücklich abgegeben werden. Der Rechtsbindungswille kann auch durch soge-

Teil 3: Grundlagen des Zivilrechts

nanntes schlüssiges Verhalten erklärt werden. Man spricht dann von einer konkludenten Willenserklärung:

? A steigt in die Berliner S-Bahn ein und meint, dass kein Beförderungsvertrag zustande gekommen sein könne, weil keine Willenserklärungen abgegeben worden seien. Was ist von dieser Rechtsansicht zu halten?

! Von dieser Rechtsansicht ist nicht viel zu halten. Es sind zwar nicht ausdrücklich Willenserklärungen abgegeben worden, wohl aber konkludent (durch schlüssiges, sozialtypisches Verhalten). Auf diese Weise ist der Beförderungsvertrag zustande gekommen (vgl. auch § 116 S. 1 BGB).

b. Auslegung von Willenserklärungen und Verträgen

Wichtig vorab: Die **Auslegung von Willenserklärungen** im Allgemeinen und von Verträgen im Besonderen ist methodisch **etwas anderes als die Auslegung von Gesetzen** (dazu schon in Teil 2 ab Seite 39).

Das BGB präsentiert uns vom systematischen Ansatz her je eine Norm für die Auslegung von Willenserklärungen (§ 133 BGB) und für die Auslegung von Verträgen (§ 157 BGB). In der Praxis geht es meist um die Auslegung von Verträgen. Weil aber die Willenserklärung ein Bestandteil des Vertrages ist, werden allgemein für die **Auslegung von Verträgen** wie auch von einseitigen **Willenserklärungen** die **§§ 133, 157 BGB** zusammen herangezogen und auch stets in einem Atemzug so genannt.

Der Wortlaut der Erklärung ist zwar naturgemäß der Ausgangspunkt für die Auslegung, man darf aber nicht daran „kleben", wie § 133 BGB zeigt. Es kommt andererseits auch nicht auf den inneren Willen des Erklärenden an (obwohl § 133 BGB den *wirklichen Willen* hervorhebt). Maßgeblich ist vielmehr die **objektive Erklärungsbedeutung** nach dem sogenannten **Empfängerhorizont**.

? Die stets sehr medienpräsente Ladenkette „Jupiter" (J) wirbt zu Beginn des Jahres 2007 unmittelbar nach der Heraufsetzung der Umsatzsteuer von 16 % auf 19 % mit einer Anzeige „nur heute, 4. Januar, Haushaltsgeräte ohne 19 % Mehrwertsteuer". In einem mit Sternchen gekennzeichneten Zusatz findet sich zudem noch der Hinweis „Sparen Sie volle 19 % vom Verkaufspreis". A nutzt die Gelegenheit zum Erwerb eines hochwertigen Kaffeeautomaten, dessen (regulärer) Preis mit 1.000 € angegeben ist. An der Kasse zahlt A angesichts der Werbeaktion nicht 1.000 € sondern 810 €. Zu Hause fällt ihm auf, dass auf dem mit „Quittung" überschriebenen Kassenzettel ein Nettowahrenwert von 680,69 € und 19 % Mehrwertsteuer in Höhe von 129,31 € ausgewiesen sind. A vergleicht den Kassenzettel mit der Anzeige und kommt auf eine Idee: Kann A mit Erfolg mit Erfolg die 129,31 € zurückverlangen, weil er doch – entgegen den Angaben in der Anzeige – 19 % Mehrwertsteuer gezahlt hat?

! Nein, A kann die 129,31 € nicht mit Erfolg zurückverlangen.

Niemand kann ernsthaft meinen, dass der Preis im Wortsinne „ohne Mehrwertsteuer" anfalle. Die Umsatzsteuer (im Volksmund Mehrwertsteuer) muss abgeführt und auf der Quittung ausgewiesen werden. Diese Steuer

ist grundsätzlich ein unselbstständiger Teil des Kaufpreises. Ohne abweichende Anhaltspunkte ist die Umsatzsteuer also im Preis enthalten. Nach der objektiven Erklärungsbedeutung kann jedenfalls unter Berücksichtigung
des Zusatzes in der Anzeige vernünftigerweise nur ein
Rabatt in Höhe von 19 % auf den (Brutto-)Kaufpreis gemeint sein, obwohl dies nicht exakt der ausgehend vom
Netto-Preis zu ermittelnden Umsatzsteuer entspricht. Die
etwas reißerische Orientierung an dem gerade erst er-
höhten Satz der „Mehrwertsteuer" verdeutlicht dabei nur
das besonders „großzügige" Ausmaß dieses Rabatts.

Der Fall bietet ein plastisches Beispiel für die Auslegung von Willenserklärungen (insbesondere Verträgen)
im Allgemeinen und das „Wortlautklebeverbot" des § 133
BGB im Besonderen.

c. Anfechtung von Willenserklärungen

Unter bestimmten inhaltlichen und formellen Voraussetzungen
können Willenserklärungen mit der Rechtsfolge des § 142 Abs.
1 BGB angefochten werden (… *von Anfang an nichtig anzusehen*). Als **Anfechtungsgründe** kennt das BGB den **Inhaltsirr-
tum** und den **Erklärungsirrtum** (§ 119 Abs. 1 BGB), den **Irrtum
über verkehrswesentliche Eigenschaften** (§ 119 Abs. 2
BGB), den **Übermittlungsirrtum** (§ 120 BGB) und die **arglisti-
ge Täuschung** oder **widerrechtliche Drohung** (§ 123 BGB).
Je nach Anfechtungsgrund gibt es für die Anfechtung unterschiedliche Fristen (§§ 121, 124 BGB / vgl. zur Erklärung
§ 143 BGB).

? S will einen Flug nach Porto (Portugal) buchen. Da
er aber als Bürger sächsischer Herkunft der hochdeut-
schen Aussprache nicht mächtig ist, kommt als vermeint-

lich gewünschter Zielort etwas heraus, was objektiv als Bordeaux (Frankreich) zu verstehen ist. So versteht es dann auch der Vertreter der Fluggesellschaft, der die Buchung mit Zielort Bordeaux bestätigt (vereinfacht nach AG Stuttgart-Bad Cannstatt, Urteil vom 16.03.2012, 12 C 3263/11). Ist ein Vertrag zustande gekommen? Wenn ja, über welchen Zielort? Bestehen Anfechtungsmöglichkeiten?

! Es ist ein Vertrag über einen Flug nach Bordeaux zustande gekommen. Dies entspricht dem objektiven Empfängerhorizont. Versteht der Empfänger eine undeutlich gesprochene Erklärung anders als vom Erklärenden gemeint, so geht dies zulasten des Erklärenden. Er trägt das Risiko dafür, dass der Empfänger die Worte auch so wie gemeint erfassen kann.

S kann den Vertrag aber gemäß § 119 Abs. 1 Var. 1 BGB anfechten. Es handelt sich um einen sogenannten Verlautbarungsirrtum, einen Unterfall des Inhaltsirrtums.

4. Stellvertretung

Juristische Personen (z.B. die GmbH) können naturgemäß nicht selbst handeln, es muss ein Vertreter ran (gesetzlicher Vertreter der GmbH ist der Geschäftsführer, § 35 Abs. 1 S. 1 GmbHG, bei der AG ist es der Vorstand, § 78 Abs. 1 S. 1 AktG).

Natürliche Personen können nicht selbst rechtsgeschäftlich handeln, wenn und solange sie geschäftsunfähig sind (§§ 104, 105 BGB / s.o.). Wenn natürliche Personen geschäftsfähig sind, wollen sie mitunter nicht selbst handeln.

Teil 3: Grundlagen des Zivilrechts

Für all diese Fälle gibt es die Stellvertretung. **Zentrale Norm** ist **§ 164 Abs. 1 BGB**. Voraussetzungen sind danach:

- eine eigene Willenserklärung des Vertreters (Abgrenzung zum Boten)

- im Namen des Vertretenen (Offenkundigkeitsprinzip, vgl. auch § 164 Abs. 1 S. 2 BGB)

- innerhalb der dem Vertreter zustehenden Vertretungsmacht

Die gesetzliche Vertretungsmacht haben wir bereits kennengelernt. Die rechtsgeschäftlich erteilte Vertretungsmacht nennt man **Vollmacht** (§ 166 Abs. 2 S. 1 BGB).

? G erteilt V die Vollmacht, den zum Kauf angebotenen BMW des A für einen Preis bis zu 6.000 € in seinem Namen zu erwerben. A will aber nur für 7.000 € verkaufen. Dennoch erklärt sich V im Namen des G einverstanden. Verkäufer A verlangt nun von G den vereinbarten Kaufpreis (7.000 €) Zug um Zug gegen Übereignung des Autos. Liegt er damit richtig?

! V hat die Grenzen der Vollmacht und damit der Vertretungsmacht überschritten, sodass er als Vertreter des G nicht *innerhalb der ihm zustehenden Vertretungsmacht* gehandelt hat. Da G das Geschäft auch nicht genehmigt hat, ist kein Kaufvertrag zustande gekommen (Wir erinnern uns: Genehmigung = nachträgliche Zustimmung, § 184 Abs. 1 BGB). A muss sich gemäß § 179 Abs. 1 BGB an V als Vertreter ohne Vertretungsmacht halten. Mit der Vorstellung eines Zahlungsanspruchs gegen G liegt A dagegen nicht richtig. § 433 Abs. 2 BGB hilft da nicht weiter, weil wegen der Überschreitung der Vertretungsmacht kein Kaufvertrag geschlossen worden ist.

Das Leben bietet auch Fälle, die sich jenseits der Stellvertretungsregeln des Gesetzes abspielen:

? Die Inhaberin eines eBay-Mitgliedskontos (E) hat ihrem Verlobten (V) die einschlägigen Zugangsdaten offenbart. Deshalb kann V die Gaststätteneinrichtung der E ohne deren Wissen mit einem Startpreis von 1 € zum Kauf anbieten. Der Höchstbietende macht am Ende der Auktion mit 1.000 € das Rennen. Tatsächlich beträgt der Wert der Einrichtung 30.000 €. Ist ein Kaufvertrag zustande gekommen? (vereinfacht nach BGH-Urteil vom 11.05.2011, VIII ZR 289/09)

! Grundsätzlich kommt bei Internetauktionen der Kaufvertrag automatisch bei Auktionsende mit dem Höchstbietenden zustande. § 156 BGB wird dagegen in diesem praktisch denkbar wichtigen Bereich nicht angewandt.
Zum Stellvertretungsrecht: V hat nicht im Namen der E gehandelt, sondern hat den Eindruck erweckt, dass E selbst die Gaststätteneinrichtung „ins Netz gestellt" habe. Für dieses **Handeln unter fremdem Namen** werden die Regeln der Stellvertretung anerkanntermaßen entsprechend herangezogen.
V hatte keine Vertretungsmacht, insbesondere keine Vollmacht. Die spannende Frage: Haben wir es wegen des unvorsichtigen, um nicht zu sagen nachlässigen Verhaltens der E mit einem Fall der sogenannten **Rechtsscheinvollmacht** zu tun (klassischerweise Anscheins-

oder Duldungsvollmacht)? Dann wären die Erklärungen des V der E rechtsgeschäftlich zuzurechnen. Der BGH hat die Rechtsscheinvollmacht verneint. Das kann man gut und gerne auch anders sehen: Wenn gemäß § 172 BGB schon die Vorlage einer Vollmachtsurkunde einen hinreichenden Rechtsschein für das Bestehen einer Vollmacht setzt, wird man dies erst recht bei der Verwendung eines passwortgeschützten Mitgliedskontos annehmen können.

Das ist ganz schön kompliziert. Man sollte sich aber merken, dass es unter dem Stichwort Rechtsscheinvollmacht den **Schutz des guten Glaubens** gibt. Dazu muss nach außen hin der Eindruck einer Vollmacht entstehen und der vermeintlich Vertretene zu diesem Eindruck beigetragen haben.

IV. Rechtsverletzungen

Wird unerlaubt in subjektive Rechte eingegriffen, z.B. in das Eigentum als absolutes Recht oder in eine Forderung als relatives Recht, spricht man von einer Rechtsverletzung. Sie kann Ansprüche des Verletzten hervorrufen, gerichtet auf Schadensersatz (§§ 280, 311 a Abs. 2, 823 ff BGB), auf Beseitigung der Störung (§§ 862, 1004 BGB) oder auf Herausgabe (§§ 985, 861 Abs. 1, 1007 Abs. 1 und 2 BGB).

? D entwendet bei einem Besuch in der Wohnung des A in einem unbeobachteten Moment den iPod des A, um ihn für sich zu behalten. A erfährt später, dass sich das vermisste Gerät bei D befindet. Er verlangt den iPod nun von A heraus. Welche Anspruchsgrundlagen kommen für einen solchen Anspruch in Betracht?

! Es ist ein ganzes Bündel von Anspruchsgrundlagen einschlägig. Vertragliche Anspruchsgrundlagen scheiden allerdings aus, weil weit und breit kein Vertragsverhältnis zwischen A und B ersichtlich ist. Neben sachenrechtlichen Herausgabeansprüchen (§§ 985, 861 Abs. 1, 1007 Abs. 1 BGB) kommt auch ein Schadensersatzanspruch aus unerlaubter Handlung in Betracht, konkret nämlich § 823 Abs. 1 BGB und – als gesonderte Anspruchsgrundlage – § 823 Abs. 2 BGB i.V.m. § 242 Abs. 1 StGB. Bei Schadensersatz denkt man meist an Zahlungsansprüche. Das darf aber den Blick auf § 249 Abs. 1 BGB nicht verstellen. Die in dieser Vorschrift geregelte Naturalrestitution besteht hier in der Herausgabe der entwendeten Sache.

V. Gesetzliche Schuldverhältnisse

1. Geschäftsführung ohne Auftrag

In §§ 677 ff BGB sind unter der Überschrift *Geschäftsführung ohne Auftrag* (kurz GoA) eine Vielzahl von Lebenssachverhalten geregelt, die nicht gerade leicht überschaubar sind.

Es geht um folgendes Spannungsfeld: Einerseits soll der sogenannte Geschäftsführer zu fremdnützigem Handeln ermutigt werden, andererseits soll der sogenannte Geschäftsherr vor unerwünschten Aktionen des Geschäftsführers geschützt werden.

Betrachtet man das Ganze systematisch, ergeben sich beim gemeinsamen Merkmal „Führung eines fremden Geschäfts" vier ganz unterschiedlich zu behandelnde Fallgruppen. Zu unter-

Teil 3: Grundlagen des Zivilrechts

scheiden sind die **echte GoA in den Varianten „berechtigt"**
und „unberechtigt" und die sogenannte **unechte GoA** (ohne
Fremdgeschäftsführungswillen) in den Vatianten **„vermeintli-**
che Eigengeschäftsführung" und **„angemaßte Geschäfts-**
führung".

? Eines Morgens bemerkt die aufmerksame A, dass
sich unterhalb der geschlossenen Eingangstür ihres
Nachbarn N eine nicht unerhebliche Menge kühlen Nas-
ses den Weg ins Freie bahnt. N überwintert wieder einmal in Thailand und ist dort nicht erreichbar. Die um das
Haus des N besorgte A verständigt sofort einen Wasser-
rohr-Notdienst, der die Ursache für den Wasseraustritt
behebt und das Haus wieder trockenlegt. Die angemessene Rechnung von 2.000 € begleicht A. Hat sie einen
Anspruch auf Ersatz der „verauslagten" 2.000 €?

! Das ist ein typischer Fall der berechtigten GoA. Sie
führt zu einem gesetzlichen Schuldverhältnis mit auf-
tragsähnlichen Pflichten und zum Aufwendungsersatzan-
spruch gemäß § 683 S. 1 i.V.m. §§ 677, 670 BGB. Dies
ist die praktisch mit Abstand wichtigste Anspruchsgrundlage im Bereich der GoA-Vorschriften.

Und jetzt zu einem noch wichtigeren Bereich der gesetzlichen
Schuldverhältnisse. Das Bereicherungsrecht ist traditionell ein
eher unbeliebter Stoff. In den Details ist dieses Rechtsgebiet objektiv schwierig. Allerdings sollte sich auch der Anfänger eine
Vorstellung davon machen, worum es dabei geht. Das Bereicherungsrecht gehört einfach dazu ...

2. Bereicherungsrecht

Wer eine **Leistung ohne rechtlichen Grund** erlangt hat, muss diese grundsätzlich wieder **herausgeben** (§ 812 Abs. 1 S. 1 Var. 1 BGB), **gegebenenfalls** läuft es auf **Wertersatz** hinaus (§ 818 Abs. 2 BGB).

Das Bereicherungsrecht ist uns im Zusammenhang mit dem **Unterschied zwischen Verfügungs- und Verpflichtungsgeschäft** (Trennungs- / Abstraktionsprinzip) schon begegnet, insbesondere in dem „Digitalkamera-Fall" (Seiten 94 f).

Jenseits von Verfügungen gibt es Leistungen auch durch **rein tatsächliche Handlungen**. Ein Beispiel:

> ✖ A ist Halter einiger Alpakas. Er einigt sich mit B unter näheren Absprachen darauf, dass B gegen Entgelt während der Urlaubsabwesenheit des A die Tiere füttert.

Im gesamten Bereicherungsrecht geht es darum, **Vermögensverschiebungen rückgängig** zu **machen, die nach dem Gesamturteil der Rechtsordnung ungerechtfertigt sind**. Geläufig ist hierbei von Kondiktionsansprüchen die Rede, wobei „Kondiktion" schlicht „Herausgabe" bedeutet.

Die Haftung des Bereicherungsschuldners (also des Anspruchsgegners) ist vor allem im Vergleich zum Schadensersatzrecht relativ milde. Hier soll nur das abgeschöpft werden, was dem Anspruchsgegner ungerechtfertigt zugeflossen ist (sprichwörtlich „wie gewonnen, so zerronnen"). Bei Schadensersatzansprüchen kann ein ganz anderer Ansatz gut und gerne dazu führen,

Teil 3: Grundlagen des Zivilrechts

dass der Anspruchsgegner zum Ausgleich des Verlusts des Anspruchstellers tiefer „in den Beutel springen" muss.

Das Gesetz geht nicht etwa von einem einheitlichen Tatbestand der ungerechtfertigten Bereicherung aus, sondern liefert eine ganze **Sammlung von Anspruchsgrundlagen mit unterschiedlichen Voraussetzungen und Funktionen**. Es ist zwischen Leistungskondiktion (vgl. § 812 Abs. 1 S. 1 Alt. 1 BGB *durch die Leistung eines anderen*) einerseits und Nichtleistungskondiktionen (vgl. § 812 Abs. 1 S. 1 Alt. 2 BGB *in sonstiger Weise*) andererseits zu unterscheiden (Hauptfall der Nichtleistungskondiktionen ist die Eingriffskondiktion).

Im Zusammenhang mit dieser Grunddifferenzierung spielt das Prinzip der Subsidiarität der Nichtleistungskondiktion gegenüber der Leistungskondiktion eine ganz wesentliche Rolle. Dieses Prinzip läuft auf den **Vorrang der Leistungskondiktion** hinaus. Danach setzt die Nichtleistungskondiktion voraus, dass der Empfänger (also der Anspruchsgegner) den Bereicherungsgegenstand nicht durch Leistung erhalten hat. *In sonstiger Weise* (§ 812 Abs. 1 S. 1 Alt. 2 BGB) bedeutet also nicht nur „nicht durch Leistung des Anspruchstellers", sondern „durch niemandes Leistung".

Das Bereicherungsrecht gilt bei Jura-Studenten vor allem angesichts der speziellen Probleme bei sogenannten Mehrpersonenverhältnissen (also bei zumindest drei beteiligten Personen) als schwierig.

Gerade in diesem Rechtsgebiet ist es wichtig, den Überblick zu behalten. Die Einzelheiten sind wie gesagt eher eine Sache für Fortgeschrittene.

Übersicht der bereicherungsrechtlichen Anspruchsgrundlagen:

- **Leistungskondiktionen**

   § 812 Abs. 1 S. 1 Alt. 1 BGB
   Rechtsgrund fehlt von Anfang an

   § 812 Abs. 1 S. 2 Alt. 1 BGB
   Rechtsgrund fällt später weg

   § 812 Abs. 1 S. 2 Alt. 2 BGB
   Zweckverfehlung

   § 813 Abs. 1 BGB
   Leistung trotz Einrede

   § 817 S. 1 BGB
   verbotene oder sittenwidrige Annahme der Leistung

- **Nichtleistungskondiktionen**

   § 812 Abs. 1 S. 1 Alt. 2 BGB
   sog. allgemeine Nichtleistungskondiktion

   § 816 Abs. 1 S. 1 BGB
   entgeltliche Verfügung eines Nichtberechtigten /
   Anspruch gegen den Nichtberechtigten

   § 816 Abs. 1 S. 2 BGB
   unentgeltliche Verfügung eines Nichtberechtigten /
   Anspruch gegen den Erwerber

   § 816 Abs. 2 BGB
   befreiende Leistung an einen Nichtberechtigten /
   Anspruch gegen den Nichtberechtigten

   § 822 BGB
   mittelbare Bereicherung durch unentgeltlichen Erwerb /
   Anspruch gegen den Erwerber

Teil 3: Grundlagen des Zivilrechts

3. Deliktsrecht

Das Deliktsrecht ist uns schon ganz zu Beginn beim gewohnheitsrechtlich anerkannten allgemeinen Persönlichkeitsrecht über den Weg gelaufen („Interview-Fall", Seite 16). Dann spielte dieses Rechtsgebiet bei der sogenannten Deliktsfähigkeit natürlicher Personen eine Rolle („Steinwurf-Fall", Seite 91 / zu § 828 BGB, also im Bereich des Minderjährigenrechts).

Der Begriff „Deliktsrecht" ist prägnant, aber in seiner üblichen Verwendung etwas schief:

Treffender kann man von **„Schadensersatzansprüchen aus Delikt und Gefährdung"** sprechen. Damit ist wie auch mit dem Schlagwort „Deliktsrecht" die **Haftung im „Jedermann-Verhältnis"** beschrieben. Diese potenzielle Haftung gegenüber „Jedermann" kennzeichnet den strukturellen **Hauptunterschied zu Schadensersatzansprüchen aus Sonderverbindungen** (insbesondere aus Vertragsbeziehungen, zentrale Norm dort ist § 280 BGB).

Schadensersatzansprüche aus Gefährdung beruhen eben **nicht auf unerlaubter Handlung**, sondern auf rechtmäßiger Handlung. Es sind deshalb keine „deliktischen" Ansprüche, auch wenn sie üblicherweise (und auch bei uns) als vom Gesamtbegriff „Deliktsrecht" mit erfasst angesehen werden. Bei den Tatbeständen der Gefährdungshaftung stellt sich die Frage nach dem Verschulden nicht, weil rechtmäßiges Verhalten nie schuldhaft ist.

Machen wir es an einem konkreten Beispiel deutlich:

✖ Der in der Praxis überragend wichtige § 7 Abs. 1 StVG (Straßenverkehrsgesetz) lautet: *Wird bei dem*

Betrieb eines Kraftfahrzeugs ... ein Mensch getötet, der Körper oder die Gesundheit eines Menschen verletzt oder eine Sache beschädigt, so ist der Halter verpflichtet, dem Verletzten den daraus entstehenden Schaden zu ersetzen.

Dort ist (anders als in § 823 Abs. 1 BGB) keine Rede von *vorsätzlich oder fahrlässig* oder *widerrechtlich*. § 7 Abs. 1 StVG ist ein Tatbestand der Gefährdungshaftung, um Verhaltensunrecht geht es hier nicht. Es ist erlaubt, als Kfz-Halter im eigenen Interesse eine besondere Gefahrenquelle zu schaffen. Der Preis für die (erlaubte) Schaffung einer solchen Gefahrenquelle liegt darin, dass der Halter für daraus notwendigerweise hervorgehende Schädigungen einzustehen hat. Bei der Gefährdungshaftung geht es nicht darum, ob der Schädiger etwas falsch gemacht hat oder nicht.

Wie war das noch einmal mit Gebot und Verbot einerseits und Verbot und Erlaubnis andererseits (siehe Seiten 17 f)?

Wie § 7 Abs. 1 StVG sind sehr viele weitere Tatbestände der Gefährdungshaftung in Spezialgesetzen geregelt (also außerhalb des BGB). Solche Anspruchsgrundlagen lassen sich im Zusammenhang mit so gut wie allem finden, was in großem Stil angelegt und potenziell besonders gefährlich ist. Dazu zählt beispielsweise das Betreiben von Luftfahrzeugen (§ 33 Abs. 1 S. 1 LuftVG), von Bahnen und Energieversorgungsleitungen (§§ 1, 2 HPflG), von Kernanlagen (§ 25 AtomG: *nukleare Ereignisse*) und das Inverkehrbringen von Arzneimitteln (§ 84 ArzneimittelG) und gentechnisch verändertem Material (§ 32 GentechnikG). Die Liste ließe sich umfangreich fortsetzen. Auch die Haftung nach dem Produkthaftungsgesetz (§ 1 Abs. 1 S. 1 ProdHG) ist nach überwiegender Auffassung eine Gefährdungshaftung (also verschuldensunabhängig).

Teil 3: Grundlagen des Zivilrechts

Im BGB ist § 833 S. 1 BGB als **Gefährdungshaftung** gestaltet, wobei sich aus § 833 S. 2 BGB indirekt ergibt, dass gänzlich verschuldensunabhängig nur die Haftung des Halters eines sogenannten Luxus-Haustiers oder aber eines „Nicht-Haustiers" ist. Beim Nutz-Haustier geht es hingegen angesichts § 833 S. 2 BGB um widerleglich vermutetes Verschulden.

? B betreibt die Brieftaubenzucht und -hege als Hobby. Er lässt seine Tauben ihrer Bestimmung entsprechend regelmäßig fliegen, wobei sie stets in den heimischen Schlag zurückzukehren pflegen. Bei einem der Flüge gerät eine fette Taube des B in die Turbine eines im Landeanflug befindlichen Flugzeugs. Die Fluggesellschaft (A) verlangt nun zumindest anteiligen Ersatz des Schadens an ihrem Flugzeug. Mit Erfolg? (vereinfacht nach OLG Hamm, Urteil vom 11.02.2004, 13 U 194/03)

! Ja, es besteht ein Anspruch aus § 833 S. 1 BGB. Das Flugzeug ist *durch ein Tier* beschädigt worden, dessen Halter B war. Die Rechtsgutverletzung steht in unmittelbarem Zusammenhang mit dem typischen Verhalten von Brieftauben. Es besteht keine Entlastungsmöglichkeit des B nach § 833 S. 2 BGB, weil die Brieftaube nur hobbymäßig gehalten wurde, also kein Nutztier war.

Wenn es nicht um bloße Gefährdungshaftung geht, sondern um unerlaubte Handlungen, kann die **Rechtswidrigkeit** problematisch sein.

Mitunter sind nämlich **Rechtfertigungsgründe** zu beachten:

? B ist mit seinem Fahrrad unterwegs. An den von B zügig befahrenen Radweg grenzt das Grundstück des A. Auf der Höhe dieses Grundstücks läuft dem B plötzlich und unerwartet ein spielendes Kind vor das Fahrrad. Den drohenden Zusammenstoß kann B nur dadurch verhindern, dass er ein beherztes Ausweichmanöver einleitet und unweigerlich an dem Gartenzaun des A vorbeischrammt. Der Zaun wird dadurch leicht beschädigt. Hat A gegen B einen Anspruch auf Ersatz der Kosten für die Reparatur des Zauns (vgl. § 249 Abs. 2 BGB)?

! Im Ergebnis hat A einen solchen Anspruch. Der deliktische Schadensersatzanspruch aus § 823 Abs. 1 BGB scheidet allerdings aus. Denn das Verhalten des B ist gemäß § 904 S. 1 BGB gerechtfertigt (sog. Aggressivnotstand), die Rechtsgutverletzung war nicht rechtswidrig. Der Zahlungsanspruch ergibt sich hier aber aus § 904 S. 2 BGB, der passenden sachenrechtlichen Anspruchsgrundlage.

Rechtswidriges Verhalten kann im Einzelfall verschuldet oder auch unverschuldet sein. Das führt zu der (Unter-)Einteilung der deliktischen Anspruchsgrundlagen in die Kategorien „**Erwiesenes Verschulden**" und „**Widerleglich vermutetes Verschulden**".

Die **Grundtatbestände § 823 Abs. 1, § 823 Abs. 2 und § 826 BGB setzen positiv Verschulden voraus,** regeln also jeweils eine Haftung für erwiesenes Verschulden (wie auch die Spezialtatbestände §§ 824 Abs. 1, 825, 839, 839 a Abs. 1 BGB).

Dagegen betreffen die folgenden Tatbestände jeweils **Fälle der Haftung für widerleglich vermutetes Verschulden**.

Haftung für Verrichtungsgehilfen
§ 831 Abs. 1 S. 1, § 831 Abs. 2 BGB
eigenes Verschulden bei Auswahl und/oder Überwachung / im Gegensatz zum Erfüllungsgehilfen, § 278 BGB

Haftung des Aufsichtspflichtigen
§ 832 Abs. 1 S. 1, § 832 Abs. 2 BGB / siehe Seite 91

Nutz-Haustierhalter
§ 833 S. 1 BGB, vgl. S. 2
im Gegensatz dazu Luxus-Haustier oder besonders gefährliches Tier, Gefährdungshaftung / siehe Seite 112

Haftung des Tieraufsehers
§ 834 S. 1 BGB

Haftung des Gebäude- und des Grundstücksbesitzers sowie des Gebäudeunterhaltspflichtigen
§§ 836, 837, 838 BGB

Haftung des Kraftfahrzeugführers
§ 18 Abs. 1 S. 1 StVG

Das Deliktsrecht ist in seiner Vielfalt nicht gerade anfängerfreundlich. Im Laufe des Studiums wächst man aber auch in dieses Rechtsgebiet hinein.

VI. Sachenrecht

Das Sachenrecht ist uns schon mehrfach über den Weg gelaufen, nämlich zunächst in Abgrenzung vom Schuldrecht (absolute Rechte im Gegensatz zu relativen Rechten). Weiter kam dieses Rechtsgebiet im Zusammenhang mit dem Sachbegriff zur Sprache (§ 90 BGB, siehe auch § 90 a BGB). Schließlich hatten wir das Sachenrecht beim Eigentumserwerb und bei Herausgabeansprüchen angesprochen.

Es gibt das sogenannte **Vollrecht** an einer Sache, nämlich das **Eigentum** (§§ 903 ff BGB) und es gibt **beschränkt dingliche Rechte**, nämlich den Nießbrauch (§§ 1030 ff BGB) und andere Grunddienstbarkeiten (§§ 1018 ff BGB). Weitere Sachenrechte sind beschränkt persönliche Dienstbarkeiten (§§ 1090 ff BGB), die Reallast (§§ 1105 ff BGB), Grundpfandrechte (Hypothek, §§ 1113 ff BGB und Grundschuld, §§ 1191 ff BGB, bedeutsam zur Kreditsicherung), das im Erbbaurechtsgesetz gesondert geregelte Erbbaurecht und Pfandrechte an beweglichen Sachen (§§ 1204 ff BGB).

Man kann sich zwar schuldrechtlich mit grundsätzlich beliebigem Inhalt verpflichten (§ 311 Abs. 1 BGB), nicht aber eigene Sachenrechte „erfinden". Der Katalog der Sachenrechte ist abschließend, man spricht von einem **Typenzwang**. Die Praxis muss mit den geregelten Sachenrechten auskommen.

Das hat im Wirtschaftleben zu bestimmten, nicht unmittelbar im Gesetz vorgesehenen Konstruktionen geführt. So ist die **Sicherungsübereignung beweglicher Sachen** in vielen Bereichen weitgehend an die Stelle der Verpfändung getreten. Denn die für das Pfandrecht gemäß § 1205 Abs. 1 BGB erforderliche Übergabe der Sache an den Gläubiger ist denkbar unpraktisch. Der Schuldner soll typischerweise weiterhin mit der Sache wirtschaften, um die Kreditraten zurückzahlen zu können.

Teil 3: Grundlagen des Zivilrechts

Kein echtes Recht ist der **Besitz** (§§ 854 ff BGB). Mit diesem Begriff wird nur ein **tatsächliches Verhältnis** zu einer Sache beschrieben, wobei der berechtigte Besitz – obwohl kein Sachenrecht im engeren Sinne – geschützt sein kann (z.B. über § 823 Abs. 1 BGB).

Gerade weil die Sachenrechte absolut wirken (gegen jeden / vgl. abermals § 903 S. 1 BGB) muss bei der Übertragung von Sachenrechten das sogenannte **Publizitätsprinzip** beachtet werden. Damit ist gemeint, dass die Rechtsänderung grundsätzlich nach außen erkennbar werden muss, um wirksam zu sein.

Bei Grundstücken wird die Publizität durch die Eintragung der Rechtsänderung im **Grundbuch** gewährleistet (§§ 873, 925 BGB).

Bei beweglichen Sachen ist **grundsätzlich** die **Übergabe** das Publizitätselement (§ 929 S. 1 BGB / siehe schon den Fall mit der „Schwalbe", Seiten 83 f). Die Übergabe kann aber unter bestimmten Umständen auch ersetzt werden (sogenannte Übergabesurrogate, §§ 929 a bis 931 BGB).

Es gibt auch die **Möglichkeit des gutgläubigen Erwerbs vom Nichtberechtigten**. Im Grundstücksrecht gilt der Inhalt des Grundbuchs als richtig (§ 892 BGB), bei beweglichen Sachen richtet sich der gutgläubige Eigentumserwerb nach §§ 932 ff BGB.

? E leiht seine Gitarrensammlung dem Fotografen B, der an einem Bildband über Gitarren arbeitet. Nun interessiert sich A für die Sammlung, nachdem er die Instrumente bei B gesehen hat. B gibt sich selbst als Gitarrensammler und als Eigentümer der Instrumente aus und veräußert die Gitarren an den begeisterten A. Dabei hat A keine Anhaltspunkte dafür, dass B in Wahrheit nicht

Eigentümer der Gitarren ist. Einige Zeit später wird die Sammlung aus der Wohnung des A entwendet. Hat A einen Anspruch gemäß § 985 BGB auf Herausgabe gegen den Dieb D, bei dem sich die Gitarren nun befinden?

! Ein Herausgabeanspruch des A gemäß § 985 BGB setzt voraus, dass A als Anspruchsteller Eigentümer und D als Anspruchsgegner Besitzer der Gitarren ist.

D übt die tatsächliche Gewalt über die Instrumente aus, ist also deren Besitzer (vgl. § 854 Abs. 1 BGB).

A müsste Eigentümer sein. Ursprünglich war E Eigentümer der Gitarren. A könnte jedoch von B rechtsgeschäftlich Eigentum erworben haben. B war selbst nicht Eigentümer, er war ein Nichtberechtigter. Eine Übereignung gemäß § 929 S. 1 BGB scheidet aus. A könnte aber gemäß §§ 929 S. 1, 932 Abs. 1 S. 1, Abs. 2 BGB gutgläubig Eigentum erworben haben. Es hat ein Übereignungsakt durch Einigung und Übergabe stattgefunden, wie es § 929 S. 1 BGB vorsieht. Die Sache gehörte zwar nicht B, A könnte aber zum Zeitpunkt der Übereignung in gutem Glauben gewesen sein (§ 932 Abs. 1 S. 1 BGB). Die Voraussetzungen dafür ergeben sich aus § 932 Abs. 2 BGB. A war nicht bekannt, dass die Gitarren nicht dem Veräußerer B gehörten. A hatte insoweit auch keine Anhaltspunkte, sodass auch von grober Fahrlässigkeit keine Rede sein kann. A war in gutem Glauben. Der gutgläubige Erwerb ist nicht nach § 935 Abs. 1 BGB ausgeschlossen. Deshalb hat A gemäß §§ 929 S. 1, 932 Abs. 1 S. 1, Abs. 2 BGB Eigentum an den Gitarren erworben. Er ist Eigentümer.

Da D auch kein Recht zum Besitz zusteht (vgl. § 986 Abs. 1 S. 1 BGB), besteht der Anspruch des A gegen D auf Herausgabe der Gitarren gemäß § 985 BGB.

Teil 3: Grundlagen des Zivilrechts

In der praktisch wichtigen Fallgruppe des **Gebrauchtwagenerwerb**s handelt der Erwerber regelmäßig grob fahrlässig (§ 932 Abs. 2 BGB), wenn er sich vom Veräußerer den Kfz-Brief (jetzt EU-Zulassungsbescheinigung Teil II) nicht zeigen lässt. Es liegt nämlich der Verdacht nahe, dass der Veräußerer nicht Eigentümer des Fahrzeugs ist, wenn er nur den Fahrzeugschein (EU-Zulassungsbescheinigung Teil I) und nicht den Fahrzeugbrief hat. Dann ist für jeden halbwegs mit dem Wirtschaftsleben vertrauten Menschen klar, dass sich der Brief aus gutem Grund nicht beim Veräußerer befindet. Wahrscheinlich wird sich der Brief in solchen Fällen bei der finanzierenden Bank als Sicherungseigentümerin befinden (siehe Seite 115).

Versetzen wir uns noch einmal in den „Gitarren-Fall". Die Gitarren gehörten dem Veräußerer (B) nicht. Der Erwerber (A) hat aber gutgläubig Eigentum erworben (Seiten 116 f). Dazu nun die gedankliche Fortsetzung:

? Der Dieb D veräußert die Gitarren an den gutgläubigen X. Wer ist Eigentümer der Instrumente?

! Nun, weil Veräußerer D Nichtberechtigter und Erwerber X gutgläubig ist, ist auch hier an einen Eigentumserwerb gemäß §§ 929 S. 1, 932 Abs. 1 S. 1, Abs. 2 BGB zu denken.
Nach § 935 Abs. 1 S. 1 BGB ist aber kein Eigentumserwerb des X eingetreten, weil die Sachen dem Eigentümer (das ist A nach gutgläubigem Erwerb von E / siehe Seite 117) abhandengekommen sind. A bleibt damit Eigentümer.

Der Vergleich der beiden Beispiele zeigt: Die Rechtsordnung sieht den Eigentümer als schutzwürdig an, der seinen Besitz unfreiwillig verloren hat (A als Diebstahlsopfer / deswegen kein gutgläubiger Erwerb des X). Wer hingegen die Sachen freiwillig aus der Hand gibt (in unserem Fall E), ist deshalb weniger schutzwürdig und muss mit einem Eigentumsverlust durch gutgläubigen Erwerb rechnen (in unserem Fall gutgläubiger Erwerb des A).

So ist die Rechtsanwendung. Es lebe der feine Unterschied!

VII. Familienrecht

Vom traditionellen Kern her befasst sich das Familienrecht (§§ 1297 ff BGB) vor allem mit den **Rechtsbeziehungen zwischen Ehepartnern und zwischen Eltern und ihren Kindern**. Daneben gibt es andere, vergleichsweise moderne Formen der Partnerschaft, vor allem die eheähnliche Gemeinschaft und die eingetragene Lebenspartnerschaft, mit der gleichgeschlechtliche Paare eheähnliche Rechtswirkungen erreichen können.

Wir haben das Familienrecht bereits „gestreift", nämlich oben bei den gesetzlichen Vertretern natürlicher, nicht voll geschäftsfähiger Personen (§§ 1629 f, 1773 BGB, dort auch kurz zum Betreuungsrecht, §§ 1896 ff BGB, Seite 88).

VIII. Erbrecht

§ 1922 Abs. 1 BGB regelt den Grundsatz, dass das Vermögen des Erblassers als Ganzes auf den oder die Erben übergeht (sogenannte **Gesamtrechtsnachfolge**, auch Universalsukzession genannt).

Teil 3: Grundlagen des Zivilrechts

? Rentner R geht seines Weges, als er von dem aus Übermut wild und unachtsam mit seinem Skateboard umherfahrenden B angefahren wird. Die Verletzungen des R sind so schwer, dass er schließlich trotz langer und intensiver Behandlung im Krankenhaus stirbt. Alleinerbe A verlangt nun von B Ersatz der Behandlungskosten. Mit Erfolg?

! Ja, A kann als Alleinerbe des R mit Erfolg den Ersatz der Behandlungskosten verlangen. Der Schadensersatzanspruch des R aus § 823 Abs. 1 BGB ist durch den Erbfall gemäß § 1922 Abs. 1 BGB auf A übergegangen. Es handelt sich hier um den sogenannten Erblasserschaden. Der Schaden ist nämlich ursprünglich nicht erst dem Erben entstanden, sondern schon dem späteren Erblasser (zu dessen Lebzeiten).

Einzelne Vermögensgegenstände können in Durchbrechung des Grundsatzes der Gesamtrechtsnachfolge auf andere Personen übertragen werden. Das setzt aber ein **Vermächtnis** des Erblassers voraus (§§ 2147 ff BGB).

Der Erbe kann innerhalb einer Frist von sechs Wochen **ausschlagen**, er soll insbesondere nicht unter einem überschuldeten Nachlass leiden müssen (§§ 1942 ff BGB).

Die gesetzliche Erbfolge sieht vor, dass Verwandte und der überlebende Ehegatte oder Lebenspartner erben. Die Verwandten des Erblassers werden gemäß §§ 1924 ff BGB in sogenannte Ordnungen eingeteilt. Die Verwandten jeweils nachrangiger Ordnung kommen nur zum Zuge, wenn es keine Verwandten der vorrangigen Ordnung (mehr) gibt. Es erben also z.b. die Eltern nur dann, wenn keine Kinder, Kindeskinder usw. des Erblassers vorhanden sind.

Wer an die Stelle der gesetzlichen Erbfolge seinen Willen setzen will, muss eine **Verfügung von Todes wegen** treffen, nämlich typischerweise ein **Testament** errichten (§§ 2064 ff BGB) Es gelten strenge Formerfordernisse, insbesondere muss das Testament vom Erblasser handschriftlich verfasst sein (§§ 2229 ff, 2247 BGB).

Es besteht auch die Möglichkeit eines **Erbvertrag**es (§§ 1941, 2274 ff BGB). Ein Testament kann vom Erblasser einseitig geändert werden, an einen Erbvertrag ist er naturgemäß grundsätzlich gebunden. Wohl vor allem deshalb sind Erbverträge in der Praxis eher selten.

IX. Die Rechtsdurchsetzung

Recht zu haben ist eine Sache, Recht zu bekommen und durchzusetzen eine andere.

✖ *Es genügt nicht, Recht zu haben, man muss auch mit der Justiz rechnen.* (Dieter Hildebrandt)

Wenn beispielsweise ein Schuldner nicht freiwillig zahlt, muss man sich einen sogenannten **Titel** beschaffen, der dann – wenn es sein muss – die Grundlage für die Zwangsvollstreckung ist.

Teil 3: Grundlagen des Zivilrechts

1. Das Erkenntnisverfahren / Der Weg zum Titel

Der klassische Titel ist ein **Urteil** (§ 704 ZPO) **als Ergebnis eines Zivilprozesses**. Erstinstanzlich ist ein Prozess je nach Einzelfall zu führen beim zuständigen Amtsgericht oder – insbesondere bei Streitwerten über 5.000 € – beim jeweiligen Landgericht.

Eine ganze Reihe weiterer Vollstreckungstitel sind in § 794 Abs. 1 ZPO geregelt, darunter der in der Praxis besonders wichtige **Vollstreckungsbescheid**.

Ein solcher Vollstreckungsbescheid ergeht, wenn der Antragsgegner im Mahnverfahren gegen einen vorherigen **Mahnbescheid** keinen **Widerspruch** eingelegt hat und die Widerspruchsfrist abgelaufen ist (§ 699 Abs. 1 ZPO / Frist zwei Wochen ab Zustellung des Mahnbescheids).

Wenn vor Erlass des Vollstreckungsbescheids Widerspruch gegen den Mahnbescheid eingelegt wird, kommt es zum **streitigen Verfahren**. Es geht dann im Prinzip so weiter, als sei nie ein Mahnbescheid beantragt und von vornherein eine Klageschrift eingereicht worden (§ 696 ZPO / allgemein zur Klageschrift § 253 ZPO).

Wenn ein **Vollstreckungsbescheid** erlassen und (wirksam) zugestellt wird, verbleiben dem Schuldner wie bei einem Versäumnisurteil **zwei Wochen, um Einspruch einzulegen** (§§ 700 Abs. 1, 339, 340 ZPO).

Nach Ablauf dieser sogenannten Notfrist kann dem Antragsgegner **unter speziellen Voraussetzungen noch ein Antrag auf Wiedereinsetzung in den vorigen Stand helfen** (§§ 233 ff ZPO):

? Das Amtsgericht Hünfeld hat am 28.04. einen Vollstreckungsbescheid erlassen, in dem Antragsgegner B verpflichtet wird, 10.000 € an Antragsteller A zu zahlen. Dieser Vollstreckungsbescheid ist am 04.05. zum Zwecke der Zustellung in der Wohnung des B dessen 20-jährigem Sohn Ladislaus übergeben worden. In dem Zimmer des Sohnes ist der Vollstreckungsbescheid erst am 22.05. von B zufällig beim Aufräumen gefunden worden. B erscheint daraufhin am 23.05. beim Anwalt und fragt, ob man noch eine Chance habe, gegen den Vollstreckungsbescheid vorzugehen. Was ist zu überlegen?

! Die Einspruchsfrist von zwei Wochen ab Zustellung ist abgelaufen. Die Zustellung am 04.05. war wirksam (§ 178 Abs. 1 Nr. 1 ZPO: Ersatzzustellung hier durch Übergabe an einen erwachsenen Familienangehörigen). Erfolg versprechend ist ein Antrag auf Wiedereinsetzung in den vorigen Stand, weil B nach Lage der Dinge ohne Verschulden gehindert war, die Frist einzuhalten (§ 233 ZPO).

Wenn der Einspruch gegen den Vollstreckungsbescheid nicht als unzulässig verworfen wird, kommt es wiederum zum streitigen Verfahren aufgrund einer der Klageschrift entsprechenden Anspruchsbegründung des Klägers (§ 700 Abs. 2 bis Abs. 6 ZPO).

Der Titel nützt dem Gläubiger für sich genommen wenig, wenn der Schuldner nicht leisten kann oder nicht leisten will. Es muss eine Möglichkeit geben, das Recht auch gegen den Willen des Schuldners durchzusetzen ...

Teil 3: Grundlagen des Zivilrechts

2. Die Zwangsvollstreckung / Was tun mit dem Titel?

Zwangsvollstreckung ist die Rechtsdurchsetzung mithilfe staatlicher Zwangsmaßnahmen durch staatliche Vollstreckungsorgane (Zwangsmonopol des Staates). Die meisten Laien denken hier an den **Gerichtsvollzieher**, wenn man so will die Mutter aller Vollstreckungsorgane (§ 753 Abs. 1 ZPO).

Die Zwangsvollstreckung wird erforderlich, wenn der Schuldner trotz Titels (typischerweise also trotz Urteils) nicht erfüllt.

Bei den **Arten** der Zwangsvollstreckung muss unterschieden werden:

- Zwangsvollstreckung wegen Geldforderungen

Mobiliarvollstreckung

Zwangsvollstreckung in bewegliche Sachen (Gerichtsvollzieher pfändet)

Zwangsvollstreckung in Forderungen (Pfändungs- und Überweisungsbeschluss)

Immobiliarvollstreckung

insbesondere Zwangsversteigerung eines Grundstücks

- Zwangsvollstreckung wegen anderer Forderungen
(sog. Individualvollstreckung)

Herausgabe von Leistungen und Sachen

Vornahme von vertretbaren und unvertretbaren Handlungen

Duldung und Unterlassung

Abgabe von Willenserklärungen

B. Zivilrecht verstehen anhand zentraler Begriffe
IX. Die Rechtsdurchsetzung
2. Die Zwangsvollstreckung / Was tun mit dem Titel?

Stehen dem Schuldner mehrere Gläubiger auf den Füßen, gilt im Zwangsvollstreckungsrecht das Prioritätsprinzip, also das Motto „Wer zuerst kommt, mahlt zuerst". Es kann deshalb sein, dass der schnellere Gläubiger einen Großteil seiner Forderung durchsetzen kann und der langsamere Gläubiger in die Röhre schaut.

Ganz anders dagegen der Ansatz des **Insolvenzverfahren**s: Hier sollen die Gläubiger als Verlustgemeinschaft gleichmäßig nach bestimmten Regeln der Insolvenzordnung (InsO) aus dem zusammengebrochenen Vermögen des Schuldners befriedigt werden.

Und nun kommen wir von der Waagschale zum Schwert der Justitia ...

Teil 4: Grundlagen des Strafrechts

Das Strafrecht ist ein wesentliches Element der Juristenausbildung. Im Studium interessiert in erster Linie das **Strafgesetzbuch (StGB) als Kern des materiellen Strafrechts**. Zum Nebenstrafrecht, zur formalen Einordnung des Strafrechts als Teil des öffentlichen Rechts und zu den typischen Fallfragen in diesem Bereich verweisen wir auf Seite 20 und Seite 25.

Im Strafrecht ist **Präzision gefragt**, mehr noch als im Zivilrecht oder im sonstigen öffentlichen Recht. Die Denkstrukturen sind im Strafrecht meist starrer, dafür aber auch klarer als in den anderen Rechtsgebieten. Das drückt sich unter anderem in Regeln zur Prüfungsreihenfolge wie „Täter vor Teilnehmer" oder „Vortat vor Anschlusstat" aus.

Einen ersten Eindruck bekommen wir durch die **Inhaltsübersicht des StGB**.

Die **Straftatbestände** (beispielsweise Mord, Diebstahl oder Urkundenfälschung) stehen im Besonderen Teil des StGB (kurz BT), der thematisch nach Abschnitten gegliedert ist.

Das Strafrecht ist sprichwörtlich das „schärfste Schwert", das die Staatsgewalt gegenüber dem Einzelnen hat. Die staatliche **Strafgewalt ist das letzte Mittel** (ultima ratio).

Daraus folgt, dass bei Weitem nicht alles Verbotene auch strafbar sein muss. Von der anderen Seite betrachtet: Was nicht strafbar ist, kann durchaus verboten sein.

Wenn der Gesetzgeber im StGB für bestimmte Regelverletzungen Strafe androht (Geldstrafe oder gar Freiheitsstrafe), wird es sich um **Regeln** handeln, **deren Einhaltung die Gesellschaft für besonders wichtig hält**.

Bei manchen Straftatbeständen kann man trefflich darüber streiten, ob das jeweilige Verhalten strafrechtlich geschützt sein muss. Paradebeispiel dafür ist das Massenphänomen des „Schwarzfahrens" als Beförderungserschleichung i.S.d. § 265 a Abs. 1 StGB. Im Zusammenhang mit einer verfassungsrechtlichen Prüfung hatten wir oben schon § 173 Abs. 2 S. 2 StGB angesprochen (Seite 26). Man muss kein Freund des Geschwisterinzests sein, um diese Strafbarkeit für unverhältnismäßig zu halten und rechtspolitisch für deren Abschaffung zu sein.

Allerdings neigt der Gesetzgeber seit vielen Jahren eher dazu, Strafen zu verschärfen und neue Straftatbestände zu schaffen (z.B. § 237 und § 238 StGB). Sinn und Unsinn dieser Gesetzesänderungen sind natürlich immer im jeweiligen Einzelfall zu bewerten. Man sollte aber die Wirkung des Strafrechts nicht überschätzen. Die kriminologischen Erkenntnisse mahnen eher zur Zurückhaltung in diesem Bereich. Der Ruf nach „schärferen Gesetzen" ist meist rein populistisch oder entspringt obrigkeitsstaatlichem Bürokratendenken.

Im **Allgemeinen Teil des StGB** (kurz AT) sind die Vorschriften zu finden, die grundsätzlich für alle Delikte des BT gemeinsam gelten. Wie bei vielen anderen Gesetzen vereinfachen diese **vor die Klammer gezogenen allgemeinen Regeln zur Strafbarkeit** die Gesetzgebungstechnik wie auch die Rechtsanwendung (zum BGB siehe Seite 81).

Ganz zu Beginn des StGB steht mit § 1 die rechtsstaatliche Grundidee des Strafrechts schlechthin, der **Gesetzlichkeitsgrundsatz** (auch Gesetzlichkeitsprinzip oder Gesetzesbindung genannt). Dieser Grundsatz ist so wichtig, dass § 1 StGB den vorrangigen Art. 103 Abs. 2 GG wortlautidentisch wiedergibt. Aus dem Gesetzlichkeitsprinzip folgen **vier Einzelgrundsätze**,

Teil 4: Grundlagen des Strafrechts

auf die wir zu Beginn der „zentralen Begriffe" in Abschnitt B. eingehen werden (Seiten 138 ff).

A. Die Prüfung der Strafbarkeit

Der Formulierungsvorschlag zur Strafbarkeit des B in dem „Schäferhund-Fall" war gezielt im Urteilsstil gehalten (Seite 50 / im Gegensatz dazu die vorherige zivilrechtliche Fallbearbeitung im Gutachtenstil).

Jetzt orientieren wir uns an der **Darstellung im Gutachtenstil**, auf die es in der klassischen Juristenausbildung vorrangig ankommt.

I. Das Gesamtgutachten

Nur bei entsprechender Fallfrage ist die Prüfung auf einen einzigen Straftatbestand und eine einzige Person beschränkt:

> ✖ Hat sich T gemäß § 242 Abs. 1 StGB strafbar gemacht?

Im Gegensatz dazu kommen in Prüfungssituationen (insbesondere in Klausuren und Hausarbeiten) meist offene Fallfragen vor:

> ✖ Wie haben sich T, X und Y strafbar gemacht?

Dann muss das **Gesamtgutachten** (z.B. die Klausur) natürlich **aus mehreren** sauber getrennten **Einzelprüfungen** bestehen, die **jeweils einen bestimmten Straftatbestand** mit Blick auf das **Verhalten einer bestimmten Person** betreffen (gegebenenfalls mit passenden Zusatzvorschriften).

Um das Grundverständnis zu ermöglichen und/oder zu stärken schauen wir uns diese **Einzelprüfung** näher an:

II. Die Einzelprüfung

1. Der Obersatz

Die **Einzelprüfung** muss **immer mit einem vollständigen Obersatz beginnen**. Im Gutachtenstil ist das eine Hypothese nach folgendem Muster:

> ✖ **Wer** könnte sich **durch welche Handlung nach welchem Tatbestand** strafbar gemacht haben?

Umgesetzt also so:

> ✖ *T könnte sich durch den Schlag in den Bauch des O gemäß § 223 Abs. 1 StGB strafbar gemacht haben.*

Im Anschluss an den Obersatz folgt im Gutachten die eigentliche Prüfung ...

Teil 4: Grundlagen des Strafrechts

2. Die eigentliche Prüfung

Der sogenannte **dreistufige Prüfungsaufbau** ist allgemein anerkannt und bildet das Grundgerüst einer jeden strafrechtlichen Einzelprüfung:

✖ **Tatbestand – Rechtswidrigkeit – Schuld
(dreistufiger Prüfungsaufbau)**

Also los, der Reihe nach ...

a. Der Tatbestand

Nach dem Einstieg über den Obersatz beginnt man mit der Prüfung der einzelnen Tatbestandsmerkmale. Für die wichtige Unterscheidung zwischen Tatbestandsmerkmalen und der Rechtsfolgenseite einer Vorschrift empfehlen wir einen erneuten Blick auf Seite 35 (mit Beispiel § 242 StGB).

Wir gehen hier vom häufigsten Fall der Prüfung aus, nämlich dem **vollendeten vorsätzlichen Begehungsdelikt**. Der Begriff soll kurz erläutert werden, um möglichst keinen Anfänger „abzuhängen":

Vollendet ist das Delikt, wenn es nicht „nur" versucht ist (vgl. zum Versuch schon jetzt §§ 22, 23 StGB).

Strafbar ist gemäß § 15 StGB grundsätzlich nur **vorsätzliches Handeln**. Der Gegenbegriff lautet fahrlässiges Handeln, das nur in einzelnen Bereichen mit Strafe bedroht ist (siehe z.B. § 222 oder § 229 StGB). Das Massenphänomen der fahrlässigen Sachbeschädigung z.B. ist hingegen nicht strafbar.

In der Regel werden Straftatbestände durch aktives Tun verwirklicht, weshalb wir von **Begehungsdelikt**en sprechen. Der Gegenbegriff ist das Unterlassungsdelikt (siehe dazu schon jetzt § 13 StGB).

Nehmen wir uns zur Verdeutlichung der Tatbestandsmerkmale noch einmal den bereits mehrfach erwähnten Straftatbestand des Diebstahls vor.

> ✖ **§ 242 Abs. 1 StGB:** *Wer eine fremde bewegliche Sache einem anderen in der Absicht wegnimmt, die Sache sich oder einem Dritten rechtswidrig zuzueignen,* [*wird mit Freiheitsstrafe bis zu fünf Jahren oder mit Geldstrafe bestraft.*]

Die Rechtsfolge des § 242 Abs. 1 StGB besteht naturgemäß in einem Strafrahmen. Wir haben sie hier in Klammern gesetzt, weil uns nur die Tatbestandsseite der Vorschrift interessiert.

Und für den Prüfungsaufbau unterscheiden wir wieder zwischen objektiven und subjektiven Tatbestandsmerkmalen (siehe schon Seite 35).

- Der objektive Tatbestand

Hier werden die objektiven Merkmale der jeweiligen Strafvorschrift aus dem Besonderen Teil des StGB geprüft.

> ✖ Objektive Tatbestandsmerkmale des § 242 Abs. 1 StGB sind die fremde bewegliche Sache (Tatobjekt) und die Wegnahme (Tathandlung).

Teil 4: Grundlagen des Strafrechts

Machen wir es konkret:

? In der Mittagspause sitzt Broker B auf einer Parkbank und liest die Tageszeitung „Frankfurter Allgemeine". Am Ende der Pause lässt B die gelesene Zeitung bewusst auf der Bank liegen. Dort wird sie von dem interessierten Lehrer L mitgenommen. Hat sich L gemäß § 242 Abs. 1 StGB strafbar gemacht?

! L könnte sich durch das Mitnehmen der Zeitung gemäß § 242 Abs. 1 StGB strafbar gemacht haben.

Bei der Zeitung handelt es sich um eine bewegliche Sache.

Sie müsste für L fremd gewesen sein. Fremd ist eine Sache, die im Eigentum eines anderen steht. Ursprünglich war B Eigentümer der Tageszeitung. Nachdem er sie gelesen hatte, war sie für ihn nicht mehr interessant. Dadurch, dass er die Zeitung bewusst liegen gelassen hat, wird sein Wille erkennbar, sein Eigentum an ihr gemäß § 959 BGB aufzugeben. Die Zeitung stand somit zum Zeitpunkt des Liegenlassens weder im Eigentum des B, noch im Eigentum einer anderen Person. Sie war herrenlos und demnach nicht für L fremd.

L hat sich durch das Mitnehmen der Zeitung nicht gemäß § 242 Abs. 1 StGB strafbar gemacht.

In diesem Beispiel war die Zeitung kein Tatobjekt i.S.d. § 242 Abs. 1 StGB. Es fehlte am Merkmal „fremd". Deshalb war die Tathandlung (Wegnahme) nicht mehr zu prüfen. Die Frage nach der Strafbarkeit gemäß § 242 Abs. 1 StGB konnte recht zügig beantwortet werden. Die weiteren Stufen des Prüfungsaufbaus (subjektiver Tatbestand, Rechtswidrigkeit und Schuld) erreichte man gar nicht erst.

- Der subjektive Tatbestand

Im subjektiven Tatbestand ist beim vorsätzlichen Delikt – wie schon der Name sagt – immer der **Vorsatz** zu prüfen. Der Vorsatz ist in der Regel nicht in der jeweiligen Strafvorschrift erwähnt (vgl. abermals § 242 Abs. 1 StGB). Dennoch ist er zu prüfen, wie sich aus § 15 StGB ergibt. Ganz allgemein wird Vorsatz als „Wissen und Wollen der Tatbestandsverwirklichung" umschrieben. Diese Grobdefinition verstellt etwas den Blick darauf, dass auch der bedingte Vorsatz genügt (sogenannter Eventualvorsatz / „billigend in Kauf nehmen" / zum Ganzen mehr ab Seite 146).

An dieser Stelle ist **§ 16 Abs. 1 S. 1 StGB** zu beachten, der den **Tatbestandsirrtum** regelt (dazu näher auf Seite 148).

Bei vielen wichtigen Straftatbeständen ist zusätzlich zum Vorsatz noch eine bestimmte Absicht zu prüfen.

? Welche Absicht setzt § 242 Abs. 1 StGB voraus?

! Die Zueignungsabsicht, nämlich die *Absicht, die Sache sich oder einem Dritten rechtswidrig zuzueignen*.

Nicht immer wird dabei im Gesetz das Wort „Absicht" erwähnt. Es gibt auch Umschreibungen:

Teil 4: Grundlagen des Strafrechts

✖ § 253 Abs. 1 StGB: Bereicherungsabsicht, erkennbar an der Formulierung *um ... zu* / § 267 Abs. 1 StGB: Absicht der Täuschung im Rechtsverkehr, erkennbar an der Formulierung *zur Täuschung ...*

Schließlich gibt es noch Straftatbestände, in denen ausdrücklich auf „Wissen" abgestellt wird:

✖ § 258 Abs. 1 StGB: *wissentlich* / § 164 Abs. 1 StGB: *wider besseres Wissen*

Wichtige Aufbaubesonderheit: Wenn die Straftat nicht vollendet ist, kann der objektive Tatbestand nicht vollständig erfüllt sein. Deshalb ist nach § 22 StGB die Vorstellung des Täters entscheidender Ansatzpunkt der Versuchsprüfung. Für den Aufbau folgt daraus, dass **beim Versuch ausnahmsweise der subjektive vor dem objektiven Tatbestand geprüft** wird, wenn denn der Versuch überhaupt strafbar ist (§§ 23 Abs. 1, 12 StGB / die Frage nach der Versuchsstrafbarkeit ist Bestandteil einer sogenannten **Vorprüfung** / siehe Seiten 168 f).

b. Die Rechtswidrigkeit

Straftatbestände verkörpern **typisches Unrecht**. Wer also einen Straftatbestand verwirklicht, verhält sich in aller Regel ohne Weiteres rechtswidrig. Man spricht in diesem Zusammenhang davon, dass „die Tatbestandsmäßigkeit die Rechtswidrigkeit indiziert."

Nur **ausnahmsweise** wird die **Rechtswidrigkeit im Strafrecht positiv geprüft**, nämlich bei sogenannten offenen Tatbeständen (§ 240 Abs. 2, § 253 Abs. 2 StGB).

Nun kann es aber sein, dass Rechtfertigungsgründe (= Erlaubnistatbestände) vorliegen, beispielsweise Notwehr (§ 32 StGB).

In einschlägigen Fällen sind diese **Rechtfertigungsgründe zu prüfen**, dann natürlich auf der Ebene der Rechtswidrigkeit. Wenn ein Rechtfertigungsgrund vorliegt, ist die Tat nicht rechtswidrig, die Tat stellt kein Unrecht dar, die Strafbarkeit scheidet aus.

? X läuft mit einem Kampfmesser auf Y zu, um ihn zu erstechen. Der insoweit geschulte Y schlägt X das Messer schwungvoll aus der Hand. Die Folge – eine starke Prellung am Handgelenk des X – hatte Y billigend in Kauf genommen. Hat sich Y gemäß § 223 Abs. 1 StGB strafbar gemacht?

! Nein, Y hat zwar den Tatbestand des § 223 Abs. 1 StGB erfüllt (auch subjektiv, sogenannter Eventualvorsatz), die Tat ist aber gemäß § 32 StGB gerechtfertigt (unproblematischer Fall der Notwehr).

Auf die wichtigsten (weiteren) Rechtfertigungsgründe werden wir unten noch eingehen (siehe Seiten 150 ff).

135

Teil 4: Grundlagen des Strafrechts

In den allermeisten Fällen (kein offener Tatbestand, keine Rechtfertigungsgründe ersichtlich) genügt **im Gutachten die kurze Feststellung der Rechtswidrigkeit**:

 Die Tat geschah rechtswidrig.

c. Die Schuld

Auf der **Schuldebene** geht es um den Handelnden, den **Täter persönlich**. Sein Verhalten wird auf **Vorwerfbarkeit** untersucht. Die vorherige Prüfung (Tatbestandsmäßigkeit und Rechtswidrigkeit) war dagegen auf das objektive Unrecht, also auf die Tat gerichtet.

Im **strukturellen Normalfall** handelt der **Täter uneingeschränkt schuldhaft**.

Das gilt allerdings nur für Volljährige (vgl. § 2 BGB). Kinder unter 14 Jahren sind gemäß § 19 StGB schuldunfähig, bei Jugendlichen (zwischen 14 und 17 Jahren einschließlich) kommt es auf die individuelle Reife an (§§ 1, 3 des Jugendgerichtsgesetzes, kurz JGG).

Wenn es also beim volljährigen Täter keine konkreten (!) Anhaltspunkte für Schuldunfähigkeit (§ 20 StGB) oder einen Verbotsirrtum (§ 17 StGB) gibt, ist im Gutachten **auch bei der Schuldprüfung** nicht mehr als die **kurze Feststellung** angesagt:

 T handelte schuldhaft.

Zur Schuldprüfung gehören **gegebenenfalls** der **entschuldigende Notstand (§ 35 StGB)** und der sogenannte **Notwehrexzess (§ 33 StGB)**. In diesen recht seltenen Konstellationen hat man sich typischerweise zuvor schon auf der Rechtfertigungsebene mit potenziellen Erlaubnistatbeständen auseinandergesetzt.

3. Das Ergebnis

Jede **Prüfung im Gutachtenstil muss mit einem Ergebnis enden** (siehe schon am Beispiel einer zivilrechtlichen Prüfung, Seiten 46 ff, 49 unten).

Das gilt für die Gesamtprüfung ebenso wie für jede Einzelprüfung.

Man kommt auf die Ausgangsfrage zurück und macht die Sache zusammenfassend rund. Das **Ergebnis der Einzelprüfung** wird **passend zum Obersatz** mitgeteilt:

> ✖ *T hat sich somit durch das Mitnehmen der Uhr nicht gemäß § 242 Abs. 1 StGB strafbar gemacht.*

oder

> ✖ *Nach alledem hat sich B durch den Faustschlag gemäß § 223 Abs. 1 StGB strafbar gemacht.*

Teil 4: Grundlagen des Strafrechts

Das **Ergebnis einer Gesamtprüfung** fasst dann die Einzelergebnisse zusammen.

> ✖ *T hat sich durch den Messerstich gemäß §§ 223 Abs. 1, 224 Abs. 1 Nr. 2 StGB strafbar gemacht. X ist wegen der Aufforderung zu der Tat als Anstifter gemäß §§ 223 Abs. 1, 224 Abs. 1 Nr. 2, 26 StGB zu bestrafen. Y hat sich nicht strafbar gemacht.*

B. Strafrecht verstehen anhand zentraler Begriffe

Wir beschränken uns hier **weitgehend** auf **allgemeine Regeln zur Strafbarkeit**, wobei wir immer wieder Beispiele aus dem Besonderen Teil des StGB heranziehen. Eine systematische oder gar vollständige „Abdeckung" der Tatbestandsmerkmale aller ausbildungs- und prüfungsrelevanten Straftatbestände des StGB kann dieses Basisbuch nicht leisten.

In Abschnitt C. gibt es aber immerhin einen Überblick zu den klassisch wichtigen Straftatbeständen (ab Seite 179).

I. Der Gesetzlichkeitsgrundsatz

Den **Gesetzlichkeitsgrundsatz** hatten wir wegen seiner besonderen Bedeutung schon einleitend erwähnt. **Art. 103 Abs. 2 GG und § 1 StGB** sind wortlautidentisch:

✖ Art. 103 Abs. 2 GG und § 1 StGB: *Eine Tat kann nur bestraft werden, wenn die Strafbarkeit gesetzlich bestimmt war, bevor die Tat begangen wurde.*

Was heißt das konkret? Es gibt **vier Einzelgrundsätze**:

1. Das Verbot von Gewohnheitsrecht

Gewohnheitsrecht entsteht durch ständige praktische Übung und anerkannte Rechtsüberzeugung. Das Gewohnheitsrecht gehört ebenso wie das geschriebene Recht zum objektiven Recht. Ein typisches Beispiel dafür hatten wir ganz am Anfang dieses Buchs gebracht (Seite 16). Im Strafrecht muss aber die *Strafbarkeit gesetzlich bestimmt* **gewesen sein** (Art. 103 Abs. 2 GG / § 1 StGB). Deshalb darf es **im Strafrecht** – anders als im sonstigen öffentlichen Recht und im Zivilrecht – **kein belastendes Gewohnheitsrecht** geben. Also existieren insbesondere keine gewohnheitsrechtlich entwickelten neuen Straftatbestände. Das wäre ungeschriebenes Recht zulasten des Beschuldigten. **Man kann sich immer nur aufgrund geschriebenen Rechts (lege scripta) strafbar machen.**

2. Das Rückwirkungsverbot

Die Strafbarkeit muss gesetzlich bestimmt gewesen sein, <u>bevor</u> die Tat begangen wurde. Der Einzelne kann sich also darauf verlassen, dass nicht zu seinen Lasten rückwirkend gesetzliche Straftatbestände geschaffen werden, die seinen Fall erfassen. Allerdings ist ein potenzieller Straftäter nicht davor geschützt, dass sich die Rechtsprechung zu seinen Lasten ändert. Insofern ist eine rückwirkende Belastung möglich, **Art. 103 Abs. 2 GG und § 1 StGB schützen** nur **vor rückwirkenden Gesetzen** (siehe auch § 2 StGB).

Teil 4: Grundlagen des Strafrechts

3. Das Verbot unbestimmter Strafgesetze (Bestimmtheitsgebot)

Die **Voraussetzungen** der Strafbarkeit müssen in dem jeweiligen Straftatbestand so **genau umschrieben** sein, dass Tragweite und Anwendungsbereich der Strafvorschrift für den Normadressaten schon aus dem Gesetz selbst zu erkennen sind.

✖ Stünde „für die Allgemeinheit schädliches Verhalten" in dieser pauschalen Form unter Strafe, wäre das ein klarer Verstoß gegen das Verbot unbestimmter Strafgesetze aus Art. 103 Abs. 2 GG und § 1 StGB.

Allerdings stellt das insoweit maßgebende Bundesverfassungsgericht in Grenzfällen eher geringe Anforderungen an die **Bestimmtheit einer Strafvorschrift**. Auch das Strafrecht kommt nun einmal nicht ohne Generalklauseln und wertungsbedürftige Begriffe aus.

✖ § 266 Abs. 1 StGB ist *relativ unscharf*, aber mit dem Bestimmtheitsgebot des Art. 103 Abs. 2 GG *noch zu vereinbaren* (BVerfG-Beschluss vom 23.06.2010 − 2 BvR 2559/08).

4. Das Analogieverbot (Gesetzlichkeitsgebot)

Das **Analogieverbot** ist der praktisch **wichtigste Einzelgrundsatz** dieser Reihe. Man spricht mit Blick auf den Wortlaut des Art. 103 Abs. 2 GG (entsprechend § 1 StGB) auch vom **Gesetzlichkeitsgebot**.

Eine **Analogie** ist die Ausdehnung eines Merkmals über den möglichen Wortsinn hinaus. Mit der Analogie bewegt man sich methodisch im Bereich der Rechtsfortbildung und nicht mehr auf dem Boden der Auslegung von Gesetzen (vgl. Seite 44). Die Strafbarkeit muss sich aber gemäß Art. 103 Abs. 2 GG und § 1 StGB aus dem Gesetz und seiner Auslegung ergeben, sie darf nicht aus einer Analogie folgen.

In die Gegenrichtung sind Analogien durchaus auch im Strafrecht erlaubt, wenn sie nämlich den Täter begünstigen. **Art. 103 Abs. 2 GG und § 1 StGB verbieten Analogien zulasten des Täters.**

? S hält sich während eines Winterurlaubs in Garmisch-Partenkirchen zur Mittagspause in einem Restaurant auf. Sein Snowboard hat er an der Talstation des Lifts ungesichert abgestellt. Der Wintersportbegeisterte W nutzt in einem unbeobachteten Moment die Gelegenheit, mit den Board des S eine kurze Abfahrt zu machen. Anschließend stellt er das Brett – wie von Anfang an geplant – wieder an derselben Stelle ab, an der er es sich genommen hatte. Hat sich W strafbar gemacht?

! Nein, er hat sich nicht strafbar gemacht:
Ein Diebstahl (§ 242 Abs. 1 StGB) liegt nicht vor, weil W keine Zueignungsabsicht hatte (hier: keine Absicht der dauerhaften Enteignung). Er wollte das Snowboard von Anfang an zurückgeben und nur kurz nutzen.
Die Gebrauchsanmaßung ist gemäß § 248 b Abs. 1 StGB nur bei Kraftfahrzeugen und Fahrrädern strafbar. Das Snowboard ist nach dem eindeutigen Wortlaut der Vorschrift nicht erfasst. Für eine Analogie (hier zulasten

Teil 4: Grundlagen des Strafrechts

des Täters) ist gemäß Art. 103 Abs. 2 GG und § 1 StGB kein Raum.

Nach diesem eindeutigen Beispiel für ein Analogieverbot nun ein passendes Gegenbeispiel:

? T nutzt vorübergehend den Tretroller des E, den er nach kurzer Fahrt – wie von vornherein beabsichtigt – wieder an den Ausgangsort stellt.

! Der Tretroller könnte ein Fahrrad im Sinne des § 248 b Abs. 1 StGB sein. Es gibt dazu keine Definition im Gesetz. Vom möglichen Wortsinn des Begriffs „Fahrrad" könnte der Tretroller noch gedeckt sein. Dann wäre man noch im Bereich der Auslegung, das Analogieverbot stünde einer Strafbarkeit nicht im Wege. Selbst das Dreirad wird nämlich noch als „Sondertyp" des Fahrrads und damit als von § 248 b Abs. 1 StGB erfasst angesehen. Das müsste dann für den Tretroller erst recht gelten (im Gegensatz zu dem „Snowboard-Fall" hier Ansichtssache, beide Ergebnisse sind vertretbar).

Das Analogieverbot hat immense praktische Bedeutung. Immer wieder wälzt die Rechtsprechung des Bundesverfassungsgerichts die Strafrechtsprechung um, indem es verbindlich einen Verstoß der (bisherigen) Praxis gegen das Analogieverbot feststellt. Auch dazu ein kurzes Beispiel, das wir auf den Seiten 203 f im Zusammenhang mit dem Bundesverfassungsgericht näher unter die Lupe nehmen:

B. Strafrecht verstehen anhand zentraler Begriffe
II. Rund um die Tatbestandsprüfung
1. Die Handlung

? § 142 Abs. 2 Nr. 2 StGB regelt den Fall des berechtigten oder entschuldigten Entfernens vom Unfallort. Die Strafrechtsprechung hatte – angeführt vom BGH – jahrzehntelang darüber hinaus auch das unvorsätzliche Entfernen unter diese Vorschrift gepackt.

! Dem hat das Bundesverfassungsgericht mit Beschluss vom 19.03.2007 (2 BvR 2273/06) ein Ende bereitet. Die Grenzen der Auslegung sind hier nämlich klar überschritten, die ehemalige Strafrechtsprechung verstieß gegen das Analogieverbot aus Art. 103 Abs. 2 GG.

II. Rund um die Tatbestandsprüfung

Die Tatbestandsprüfung ist bereits als **Bestandteil des dreistufigen Prüfungsaufbaus** präsentiert worden (Seiten 130 ff).

Hier gehen wir ergänzend auf **weitere zentrale Begriffe** ein, die oben noch nicht oder zumindest nicht vertieft zur Sprache gekommen sind.

1. Die Handlung

Es gibt traditionell verschiedene **Handlungslehren**, die aber eher theoretisch interessieren und in der Fallbearbeitung keine direkte Rolle spielen.

Jedenfalls ist man sich über die **negative Funktion des Handlungsbegriffs** einig. Eine strafrechtlich relevante Handlung

Teil 4: Grundlagen des Strafrechts

setzt ein vom menschlichen Willen beherrschtes oder beherrschbares Verhalten voraus. Manche Phänomene sind deshalb von vornherein als Tathandlung ausgeschlossen.

✖ Bewegungen im Schlaf sind ebenso wie Reflexbewegungen keine Handlungen im strafrechtlichen Sinne.

Im unproblematischen Normalfall einer Handlung verliert man zu diesem Punkt im Gutachten kein Wort.

2. Die Kausalität und die objektive Zurechnung (bei Erfolgsdelikten)

Bei den **Erfolgsdelikten** liegt der Taterfolg in einem Ereignis, das durch das Strafrecht eigentlich verhindert werden sollte. Der Taterfolg ist **typischerweise** eine **Verletzung des** jeweils geschützten **Rechtsguts** (z.B. bei Tötungsdelikten der Tod eines Menschen, vgl. § 212 Abs. 1 StGB). **Bei manchen Delikten** beschränkt sich der Erfolg aber auf eine **konkrete Gefährdung** (z.B. §§ 221 Abs. 1, 315 b, 315 c StGB).

Im Gegensatz zu den Erfolgsdelikten stehen **reine Tätigkeitsdelikte**, bei denen die Tathandlung als solche bestraft wird. Ein Erfolg muss nicht eingetreten sein. Das ist **typischerweise bei abstrakten Gefährdungsdelikten** der Fall (siehe z.B. § 153 und § 316 StGB).

Bei Kausalität und objektiver Zurechnung geht es um die **Zurechnung des Taterfolgs**. Deshalb kommt es nur bei Erfolgsdelikten auf diese Punkte an, bei reinen Tätigkeitsdelikten können Kausalität und objektive Zurechnung vom Ansatz her keine Rolle spielen.

B. Strafrecht verstehen anhand zentraler Begriffe
II. Rund um die Tatbestandsprüfung
2. Die Kausalität und die objektive Zurechnung

a. Die Kausalität

Nach der sogenannten **Äquivalenztheorie** gilt folgende Definition, die viel zitierte **„conditio-sine-qua-non-Formel"**:

> ✖ Ursächlich (kausal) ist jede Bedingung (Handlung), die nicht hinweggedacht werden kann, ohne dass der konkrete Erfolg entfiele.

Man stellt also eine hypothetische Betrachtung der Situation an, indem man sich die Handlung wegdenkt. Wäre dann der Erfolg nicht eingetreten, ist die Handlung kausal. **Das Verhalten muss eine nicht hinwegdenkbare Bedingung für den Erfolg sein.**

> ✖ Auch die Zeugung des (späteren) Mörders ist kausal für den Mord. Denkt man sich nämlich diese Handlung des Vaters weg, entfiele der Mord.

Daran zeigt sich, dass die **Zurechnung des Taterfolgs nicht allein** von der **Kausalität** abhängen kann.

b. Die objektive Zurechnung

Zur strafrechtlichen Zurechnung gibt es unterschiedliche Ansätze. Vor allem in der Literatur hat sich die **Lehre von der objektiven Zurechnung mit einigen typischen Differenzierungen** weitgehend durchgesetzt. Die Rechtsprechung kommt teilweise über andere Wege zu im Wesentlichen gleichen Ergebnissen. Es handelt sich hier nicht um einen echten Meinungsstreit. In der Fallbearbeitung kann man ohne Weiteres das Kriterium der objektiven Zurechnung heranziehen:

Teil 4: Grundlagen des Strafrechts

Der kausal auf einer Handlung beruhende Erfolg ist dem Handelnden **objektiv zuzurechnen**, wenn er **das Risiko des Erfolgseintritts in vorwerfbarer Weise geschaffen** hat **und sich gerade dieses Risiko auch im Erfolgseintritt verwirklicht** hat.

✖ Die schon erwähnte Zeugung des späteren Mörders ist zwar kausal für den Mord, dem Vater aber ersichtlich nicht objektiv zuzurechnen, weil er das Risiko des Mordes nicht in vorwerfbarer Weise geschaffen hat. Der Vater hat sich vielmehr sozialadäquat verhalten.

Zur Klarstellung: In der Praxis käme kein vernünftiger Mensch auf die Idee, den Vater eines Straftäters wegen dessen Zeugung strafrechtlich zu belangen. Es geht hier um ein Gedankenspiel zum Verständnis der Zurechnung.

3. Der Vorsatz und der Tatbestandsirrtum

Im Gegensatz zur Kausalität und zur objektiven Zurechnung (objektiver Tatbestand) wird der Vorsatz bekanntlich **im subjektiven Tatbestand** des gleichnamigen (vorsätzlichen) Delikts geprüft.

a. Der Vorsatz

Man unterscheidet **drei Vorsatzformen**: Die Absicht (dolus directus 1. Grades), den direkten Vorsatz (Wissen / dolus directus 2. Grades) und den bedingten Vorsatz (Eventualvorsatz / dolus eventualis).

B. Strafrecht verstehen anhand zentraler Begriffe
II. Rund um die Tatbestandsprüfung
3. Der Vorsatz und der Tatbestandsirrtum

Bei der Absicht handelt der Täter zielgerichtet, er will den Taterfolg. Dabei genügt es, wenn er den Taterfolg als Zwischenziel erstrebt, der Erfolg muss nicht das Endziel sein.

✖ Die Tötung ist auch dann absichtlich, wenn der Täter nichts gegen das Opfer hat und es ihm nur auf das Erbe ankommt. Den Erbfall kann der (künftige) Erbe nur durch das Zwischenziel des Todes des Erblassers erreichen (vgl. § 1922 Abs. 1 BGB).

Der direkte Vorsatz zeichnet sich dadurch aus, dass der Täter sicher weiß, dass sein Handeln den Erfolg herbeiführen wird.

Beim bedingten Vorsatz (Eventualvorsatz) sind Wissen und Wollen im Vergleich zu den anderen Vorsatzformen abgeschwächt. Der Täter hält die Tatbestandsverwirklichung für möglich (Wissenskomponente) und findet sich damit ab (Wollenskomponente). Dabei gilt die Wendung **„billigend in Kauf nehmen"** als **gängige Umschreibung für bedingten Vorsatz.**

Die Wollenskomponente macht den **Unterschied zwischen bedingtem Vorsatz und bewusster Fahrlässigkeit** aus.

✖ Faustformel: Bei bewusster Fahrlässigkeit denkt der Täter sinngemäß „Es wird schon gut gehen". Bei bedingtem Vorsatz denkt er „Na wenn schon".

Bereits hier ein wichtiger Hinweis: Wenn es im Grenzbereich nicht zum Vorsatz reicht, führt das nicht automatisch zum entsprechenden Fahrlässigkeitsdelikt (siehe unten Seite 176).

Teil 4: Grundlagen des Strafrechts

b. Der Tatbestandsirrtum

Jede Fehlvorstellung ist ein **Irrtum**. Um welche Art von Irrtum es sich jeweils handelt, ist im Grenzbereich oft nur mühsam festzustellen. So gehört die Abgrenzung von Tatbestandsirrtum und Verbotsirrtum zu den schwierigsten Gebieten im Strafrecht (§ 16 Abs. 1 S. 1 StGB bzw. § 17 StGB).

Der typische **Tatbestandsirrtum** bezieht sich auf **Tatsachen**, also auf **Vorgänge aus der realen Welt des Seins**. Bei dieser Art von Irrtum fehlt es am Vorsatz, wie § 16 Abs. 1 S. 1 StGB klarstellt. Der subjektive Tatbestand eines Vorsatzdeliktes ist nicht erfüllt, gegebenenfalls bleibt die Strafbarkeit wegen fahrlässiger Begehung (ebenfalls nur klarstellend § 16 Abs. 1 S. 2 StGB).

? Rockmusiker R zertrümmert auf der Bühne versehentlich die E-Gitarre des Kollegen G, weil er sie für seine eigene, sehr ähnlich aussehende Gitarre hält. Hat sich R strafbar gemacht?

! Nein, es liegen zwar die objektiven Tatbestandsvoraussetzungen des § 303 Abs. 1 StGB vor (Zerstörung einer objektiv fremden Sache), es fehlt aber am Vorsatz. R befand sich in einem Tatbestandsirrtum (§ 16 Abs. 1 S. 1 StGB / anders als bei § 17 StGB kommt es dabei auf die Vermeidbarkeit des Irrtums nicht an). Seine eigenen Sachen (so die Vorstellung des R) darf man zerstören. Die fahrlässige Sachbeschädigung der fremden Sache ist nicht strafbar (vgl. § 15 StGB).

B. Strafrecht verstehen anhand zentraler Begriffe
III. Rund um die Prüfung der Rechtswidrigkeit
1. Struktur der Rechtfertigungsgründe

III. Rund um die Prüfung der Rechtswidrigkeit

Auch die Rechtswidrigkeit ist als **Bestandteil des dreistufigen Prüfungsaufbaus** oben schon angesprochen worden.

In der Regel gibt es auf dieser Ebene nur etwas zu prüfen, wenn **Rechtfertigungsgründe** (= Erlaubnistatbestände) in Betracht kommen (siehe Seiten 134 ff auch zur Ausnahme der offenen Tatbestände).

Die Rechtfertigungsgründe müssen nicht aus dem StGB stammen, sondern können sich wegen der **Einheit der Rechtsordnung** auch aus anderen Rechtsgebieten ergeben (siehe Seite 21). Wichtige geschriebene Rechtfertigungsgründe sind §§ 32, 34 StGB, § 127 StPO, §§ 228, 904 BGB. Darüber hinaus gibt es ungeschriebene Rechtfertigungsgründe, allen voran die rechtfertigende Einwilligung.

1. Struktur der Rechtfertigungsgründe

Rechtfertigungsgründe werden nicht von ungefähr auch **Erlaubnistatbestände** genannt.

Die **objektive Seite** eines solchen Erlaubnistatbestands besteht aus einer **Rechtfertigungslage** und einer **Rechtfertigungshandlung**.

Hinzu kommt das sogenannte **subjektive Rechtfertigungselement**. Hinter diesem Begriff stecken das **Bewusstsein des Täters, sich in einer Rechtfertigungslage zu befinden und das darauf basierende Gefühl, etwas Rechtmäßiges zu tun**. Obwohl das Gesetz bei vielen Rechtfertigungsgründen das subjektive Rechtfertigungselement zumindest andeutet (beachte das

Teil 4: Grundlagen des Strafrechts

Wörtchen *um* in § 32 Abs. 2 StGB und § 34 S. 1 StGB), ist in diesem Bereich vieles streitig.

2. Einzelne Rechtfertigungsgründe

a. Notwehr (§ 32 StGB)

Das **Notwehrrecht** ist in erster Linie ein Recht des Einzelnen zum Selbstschutz, soll aber auch zur Verteidigung der Rechtsordnung dienen (sogenanntes Rechtsbewährungsprinzip: „Das Recht braucht dem Unrecht nicht zu weichen" / siehe schon Seite 135 mit Beispiel).

§ 32 StGB (inhaltlich identisch übrigens § 227 BGB) ist recht „schneidig". **Verhältnismäßigkeit spielt dabei im Prinzip keine Rolle.** Es gibt aber Ausnahmen, vor allem bei krassem Missverhältnis zwischen dem durch den Angriff beeinträchtigten Rechtsgut und dem durch die Tat verletzten Rechtsgut.

b. Rechtfertigender Notstand (§ 34 StGB)

Beim rechtfertigen Notstand steht die **Interessenabwägung** im Vordergrund (ganz anders als beim Notwehrrecht).

§ 34 StGB erlaubt Eingriffe in ein fremdes Rechtsgut, wenn nur so ein deutlich höherwertiges rechtliches Interesse gerettet werden kann.

? Motorradfahrer M wird aus der Kurve getragen und so stark verletzt, dass er dringend in ein Krankenhaus gebracht werden muss. Obwohl an der Unfallstelle keine Kommunikationsmöglichkeiten bestehen („kein Netz"), weigert sich der einzige anwesende Autofahrer A, den

B. Strafrecht verstehen anhand zentraler Begriffe
III. Rund um die Prüfung der Rechtswidrigkeit
2. Einzelne Rechtfertigungsgründe

blutenden M ins Krankenhaus zu fahren oder sein Auto dafür zur Verfügung zu stellen. Daraufhin ergreifen die Fußgänger X und Y die Initiative. X hält A für einige Minuten fest, während Y den M in das Auto trägt, um ihn in das nächstgelegene Krankenhaus zu fahren. Hat sich X gemäß § 239 Abs. 1 StGB strafbar gemacht, oder ist diese Tat gemäß § 34 StGB gerechtfertigt?

! X hat sich nicht strafbar gemacht, die Tat ist gemäß § 34 StGB gerechtfertigt. Insbesondere überwiegt das geschützte Interesse (körperliche Unversehrtheit oder gar Leben des M) das beeinträchtigte Interesse (Fortbewegungsfreiheit des A kurzzeitig genommen) wesentlich.

c. Zivilrechtliche Notstände (§ 228 S. 1 BGB und § 904 S. 1 BGB)

Die in § 228 S. 1 BGB und in § 904 S. 1 BGB geregelten **Spezialfälle gehen dem Notstand nach § 34 StGB vor**.

- Defensivnotstand (§ 228 S. 1 BGB)

Beim **Defensivnotstand** wird die **gefahrbringende Sache beschädigt oder zerstört**.

? Ein frei laufender Kampfhund springt O objektiv bedrohlich mit weit aufgerissenem Maul an. O gelingt es, den Hund abzuwehren, wobei das Tier unvermeidlich verletzt wird. Hat sich O gemäß § 303 Abs. 1 StGB strafbar gemacht?

Teil 4: Grundlagen des Strafrechts

! Der Hund ist eine Sache im strafrechtlichen Sinne (siehe Seite 51). Seine vorsätzliche Beschädigung im Sinne des § 303 Abs. 1 StGB ist aber gemäß § 228 S. 1 BGB gerechtfertigt, weil die Handlung erforderlich war und der Schaden (Verletzung des Hundes) nicht außer Verhältnis zu der Gefahr stand (körperliche Unversehrtheit oder gar Leben des O).

- Aggressivnotstand (§ 904 S. 1 BGB)

Beim **Aggressivnotstand** geht die Gefahr gerade nicht von der beeinträchtigten Sache aus. Die **Sache** ist wenn man so will **unbeteiligt**. Typisches Beispiel ist die Benutzung eines fremden Gegenstandes zur Rettung.

? In dem Beispiel mit dem verletzten Motorradfahrer (Seite 150) nutzt Y das Auto des A, um M ins Krankenhaus zu fahren.

! Die Gebrauchsanmaßung (§ 248 b Abs. 1 StGB) ist gemäß § 904 S. 1 BGB gerechtfertigt, der als Spezialgesetz § 34 StGB vorgeht.

Wir hatten im Übrigen bereits ein Beispiel für § 904 BGB beim zivilrechtlichen Deliktsrecht gebracht (Seite 113).

B. Strafrecht verstehen anhand zentraler Begriffe
III. Rund um die Prüfung der Rechtswidrigkeit
2. Einzelne Rechtfertigungsgründe

d. Festnahmerecht (§ 127 Abs. 1 S. 1 StPO)

Beim sogenannten **Jedermann-Festnahmerecht** nach § 127 Abs. 1 S. 1 StPO nimmt der Bürger anstelle nicht anwesender Strafverfolgungsorgane deren öffentliche Aufgabe wahr.

e. Einwilligung und mutmaßliche Einwilligung

Die **Einwilligung** und die **mutmaßliche Einwilligung** sind gewohnheitsrechtlich als **ungeschriebene Rechtfertigungsgründe** anerkannt.

? Warum existiert z.b. mit der Rechtsfigur der Einwilligung Gewohnheitsrecht im Strafrecht (vgl. Art. 103 Abs. 2 GG und § 1 StGB)?

! Der Gesetzlichkeitsgrundsatz verbietet Gewohnheitsrecht (wie auch Analogien) nur zulasten des Täters. Zugunsten des Täters bestehen insoweit keine Bedenken (siehe Seite 141).

Begrifflich ist die Einwilligung strikt vom Einverständnis zu unterscheiden. **Das Einverständnis wirkt tatbestandsausschließend**, wenn nämlich der jeweilige Tatbestand ein Handeln gegen den Willen des Berechtigten voraussetzt und dieses Merkmal schlicht nicht vorliegt.

Zunächst ein Beispiel für ein solches Einverständnis:

Teil 4: Grundlagen des Strafrechts

? Der Entleiher nimmt das Kraftfahrzeug mit dem Willen des Berechtigten in Gebrauch, nicht gegen dessen Willen.

! Bezogen auf § 248 b Abs. 1 StGB haben wir es mit einem tatbestandsausschließenden Einverständnis zu tun.

Und was ist **demgegenüber ein Fall der rechtfertigenden Einwilligung**?

? Ein Grundstückseigentümer stellt die Mauern seines Hauses für Bemalungen zur Verfügung.

! Der Wille des Berechtigten spielt für den Tatbestand (§ 303 Abs. 1, Abs. 2 StGB) keine Rolle, wirkt sich aber auf der Ebene der Rechtswidrigkeit als rechtfertigende Einwilligung aus.

Bei der mutmaßlichen Einwilligung zieht der Rechtsanwender eine angenommene mutmaßliche Erklärung heran, weil die tatsächliche Einwilligung nicht eingeholt werden kann.

✖ Ein bewusstloser Patient wird sofort operiert, weil dies zur Lebensrettung dringend notwendig ist.

B. Strafrecht verstehen anhand zentraler Begriffe
III. Rund um die Prüfung der Rechtswidrigkeit
3. Erlaubnistatbestandsirrtum

3. Erlaubnistatbestandsirrtum

Ein Irrtum über Tatsachen kann sich natürlich auch auf Umstände beziehen, die einen Rechtfertigungsgrund (= Erlaubnistatbestand) erfüllen.

Beim **Erlaubnistatbestandsirrtum** stellt sich der Täter irrig einen Sachverhalt vor, der die Tat rechtfertigen würde. Weil aber die Vorstellung nicht der Wirklichkeit entspricht, liegt (objektiv) keine Rechtfertigung vor.

? X hat eine Pistole auf S gerichtet kündigt lautstark an, ihn zu erschießen. Kurz entschlossen „rettet" der hinzukommende T den S, indem er X mit größtmöglichem Schwung von hinten umrempelt. X wird dadurch verletzt, was T billigend in Kauf genommen hatte. In Wahrheit fanden objektiv harmlose Dreharbeiten zu einem TV-Krimi statt.

! Wenn die Vorstellung des T zuträfe, wäre die Tat gemäß § 32 StGB gerechtfertigt (Notwehr in Form der sog. Nothilfe). Tatsächlich besteht aber kein Notwehrrecht. T befindet sich in einem typischen Erlaubnistatbestandsirrtum.

Die rechtliche Behandlung eines solchen Irrtums ist **traditionell sehr umstritten**. Eine gesetzliche Regelung sucht man vergeblich. Es gibt viele „Theorien" dazu, in welche Schublade der Erlaubnistatbestandsirrtum zu stecken ist.

Teil 4: Grundlagen des Strafrechts

Hier nur so viel: Trotz Unterschieden in der dogmatischen Betrachtung ist man sich ganz überwiegend einig, dass **bei einem Erlaubnistatbestandsirrtum keine Vorsatzstrafbarkeit** entsteht. Die heute ganz h.M. bewegt sich damit auf dem Boden des Tatbestandsirrtums (nicht des Verbotsirrtums, § 17 StGB), sei es auch nur über § 16 Abs. 1 S. 1 StGB analog zugunsten des Täters (so die „eingeschränkte Schuldtheorie").

IV. Rund um die Prüfung der Schuld

Die **Schuld**prüfung ist der letzte **Bestandteil des dreistufigen Prüfungsaufbaus.**

Auf dieser Ebene ist **in der Regel nur kurz das schuldhafte Handeln festzustellen**.

Es gibt aber auch Fälle, bei denen hier die Musik spielt. Diese **Ausnahmekonstellationen** sind **sehr unterschiedlich**.

1. Schuldunfähigkeit gemäß § 20 StGB

In der Praxis dominiert der **Alkoholrausch** als Grund für Schuldunfähigkeit gemäß § 20 StGB oder verminderte Schuldfähigkeit nach § 21 StGB.

In der theoretischen Ausbildung spielt § 21 StGB keine nennenswerte Rolle, weil danach nur eine Strafmilderungsmöglichkeit besteht. Die hat aber streng genommen nichts mit den typischen Fallfragen zu tun (*Hat sich T strafbar gemacht?*).

Die Blutalkoholkonzentration zum Tatzeitpunkt ist eine grobe Leitlinie für §§ 20, 21 StGB. Erst Promille-Wertangaben über 3,0 im Sachverhalt weisen in Klausuren den Weg hin zu § 20 StGB (ab etwa 2,0 Promille ist in der Praxis an § 21 StGB zu denken).

B. Strafrecht verstehen anhand zentraler Begriffe
IV. Rund um die Prüfung der Schuld
2. Die actio libera in causa

2. Die actio libera in causa

Was macht man, wenn der Täter den Zustand des § 20 StGB vorsätzlich mit Blick auf die spätere Straftat herbeiführt?

? Ein Täter trinkt sich bewusst in den Zustand des § 20 StGB, um dann seine Ehefrau zu erstechen.

! Mit der **Rechtsfigur der actio libera in causa** versucht man, auch in solchen Fällen eine Strafbarkeit hinzubekommen (in den Details stark umstritten / übersetzt etwa „freie ursächliche Handlung").

Der überzeugende Begründungsansatz nennt sich „Vorverlegungsmodell" oder auch „Tatbestandsmodell". Danach wird nicht die unmittelbare Tatausführung als strafrechtsrelevante Handlung angesehen. Der strafrechtliche Vorwurf wird vielmehr auf das noch im schuldfähigen Zustand begangene Herbeiführen des sogenannten Defektzustands gerichtet (zumindest bei Erfolgsdelikten). Das dürfte – im Gegensatz zu anderen Begründungsmodellen – mit Art. 103 Abs. 2 GG und § 1 StGB vereinbar sein.

3. Der Verbotsirrtum (§ 17 S. 1 StGB)

§ 17 S. 1 StGB regelt die **Fälle fehlenden Unrechtsbewusstseins**.

Der Irrtum bezieht sich typischerweise auf **Rechtsfragen**, im Gegensatz zum Tatbestandsirrtum (siehe dazu Seite 148).

Teil 4: Grundlagen des Strafrechts

Grundsätzlich muss der Täter für die Strafbarkeit wissen, dass sein (objektiv) strafbares Verhalten verboten ist (Unrechtsbewusstsein).

Fehlt es daran, kommt es nach § 17 S. 1 StGB auf die **Vermeidbarkeit des Irrtums** an. **Nur bei unvermeidbarem Verbotsirrtum handelt der Täter ohne Schuld.** Der vermeidbare Verbotsirrtum führt aber immerhin zur Möglichkeit der Strafmilderung (§ 17 S. 2 StGB).

Unvermeidbare Verbotsirrtümer sind selten, die Anforderungen in diesem Bereich sind tendenziell streng.

Es gibt verschiedene Formen von Verbotsirrtümern. Auch der sogenannte **Erlaubnisirrtum** fällt unter § 17 S. 1 StGB. Er ist strikt zu unterscheiden vom tatsachenbezogenen Erlaubnistatbestandsirrtum (Seiten 155 f).

? Lehrer L meint, aufgrund eines „Züchtigungsrechts" gelegentlich Schüler schlagen zu dürfen.

! Dies ist ein (klar vermeidbarer) Verbotsirrtum in Form eines Erlaubnisirrtums. L irrt in rechtlicher Hinsicht über die Existenz eines Rechtfertigungsgrundes. Es existiert kein Züchtigungsrecht mehr, schon gar nicht ein solches für Lehrer. Selbst ein Züchtigungsrecht für Eltern ist nach zutreffender Auffassung generell nicht mehr akzeptabel, wie sich aus § 1631 Abs. 2 BGB ergibt.

Nun aber weg von den Verbotsirrtümern und hin zu den Entschuldigungsgründen ...

B. Strafrecht verstehen anhand zentraler Begriffe
IV. Rund um die Prüfung der Schuld
4. Der entschuldigende Notstand

4. Der entschuldigende Notstand (§ 35 Abs. 1 S. 1 StGB)

Der entschuldigende Notstand nach § 35 Abs. 1 S. 1 StGB ist vor allem im Vergleich zu § 34 StGB zu verstehen (rechtfertigender Notstand, siehe Seiten 150 ff).

Der entschuldigende Notstand erfasst nur bestimmte Rechtsgüter und kommt nicht zugunsten beliebiger Dritter in Betracht.

Andererseits findet **keine Interessenabwägung** statt. § 35 Abs. 1 S. 1 StGB kommt also insbesondere dann zum Zug, wenn der rechtfertigende Notstand an der Interessenabwägung scheitert.

? Zwei Schiffsbrüchige (A und B) halten sich an einem Brett fest, das nur einen der beiden tragen kann. Um sein Leben zu retten, stößt A den B von dem Brett. B ertrinkt, A überlebt.

! Das ist der lehrreiche Schulfall zu § 35 Abs. 1 S. 1 StGB. Der seit Generationen geläufige Fall wird nach einem griechischen Philosophen auch „Brett des Karneades" genannt.

Wichtig für das Gesamtverständnis: Die nur **entschuldigte Tat ist teilnahmefähig und ein rechtswidriger Angriff**, gegen den Notwehr möglich ist.

Auch dazu ein Beispiel:

Teil 4: Grundlagen des Strafrechts

? B wehrt sich gegen den Stoß es A, indem er seinerseits den A von dem Brett stößt. Dies war in der konkreten Situation zur Rettung des eigenen Lebens des B erforderlich.

! Die Tat des B ist wegen des rechtswidrigen Angriffs
(A war nur entschuldigt, s.o.) gemäß § 32 StGB gerechtfertigt und damit schon nicht rechtswidrig.

Ausnahmsweise muss der Täter die Gefahr zumutbar hinneh-
men. **§ 35 Abs. 1 S. 2 StGB** ist die einschlägige **Gegennorm
zu § 35 Abs. 1 S. 1 StGB.**

Schließlich regelt **§ 35 Abs. 2 S. 1 StGB** eine spezielle Form
des Irrtums mit einer Rechtsfolge, die § 17 S. 1 StGB entspricht.

5. Der Notwehrexzess (§ 33 StGB)

§ 33 StGB ist ein **Entschuldigungsgrund** (seinem Standort
zwischen § 32 und § 34 StGB zum Trotz).

Der **Wortlaut des § 33 StGB** (*Grenzen der Notwehr*) spricht
dafür, dass nur die **Überschreitung des Maßes der erforderlichen Verteidigung bei bestehender Notwehrlage gemeint ist
(sog. intensiver Notwehrexzess).**

Es wird aber auch die Ansicht vertreten, dass die Überschreitung der Gegenwärtigkeitsgrenze des § 32 StGB zumindest in
Form des nachzeitigen extensiven Notwehrexzesses ebenfalls
von § 33 StGB erfasst sei:

? A reagiert erst, nachdem die Notwehrlage beendet ist, also der Angriff des B nicht mehr gegenwärtig ist.

! Nach einer anscheinend vordringenden Auffassung ist das im weiteren Sinne auch eine Überschreitung der *Grenzen der Notwehr* i.S.d. § 33 StGB, sodass eine Entschuldigung über diese Norm auch in dieser Konstellation möglich sein soll (obwohl extensiver und nicht intensiver Notwehrexzess).

V. Täterschaft und Teilnahme

Nicht alle an einer Straftat Beteiligten werden als Täter gesehen. Vielmehr wird im StGB bei Vorsatzdelikten **wegen unterschiedlichen Unrechts- und Schuldgehalts zwischen Täterschaft und Teilnahme differenziert** (sog. dualistisches Beteiligungssystem).

Das Ganze ist in den §§ 25 bis 31 StGB relativ kompakt geregelt, die unterschiedlichen **Formen der Täterschaft** ergeben sich (weitgehend) aus **§ 25 StGB**, die **Teilnahme** aus **§ 26 StGB** (Anstiftung) und aus **§ 27 StGB** (Beihilfe).

Manchmal kann die **Abgrenzung von Täterschaft und Teilnahme** schwierig sein. Die theoretischen Ansätze sind streitig (Tatherrschaftslehre oder subjektive Theorie). Die praktischen Ergebnisse der Methoden unterscheiden sich jedoch nur in zugespitzten Einzelfällen.

Teil 4: Grundlagen des Strafrechts

Die gedachten Linien zwischen Täterschaft und Teilnahme verlaufen typischerweise zwischen mittelbarer Täterschaft und Anstiftung einerseits und zwischen Mittäterschaft und Beihilfe andererseits.

1. Die Täterschaft

Wir beschreiben zunächst die drei in § 25 StGB geregelten Täterschaftsformen und gehen dann der Vollständigkeit halber noch auf die nicht gesetzlich geregelte Nebentäterschaft ein.

a. Die unmittelbare Alleintäterschaft (§ 25 Abs. 1 Var. 1 StGB)

Die unmittelbare Alleintäterschaft ist der Normalfall.

? T erschießt O.

! Er begeht die Tat als einziger Täter selbst.

In dieser **Normalsituation** wird im Gutachten üblicherweise überhaupt **nicht auf die Täterschaftsform eingegangen**, § 25 Abs. 1 Var. 1 StGB wird nicht einmal erwähnt.

In den Sonderfällen (mittelbare Täterschaft und Mittäterschaft) ist hingegen eine entsprechende Prüfung angesagt. Der passende Absatz und gegebenenfalls die Variante des § 25 StGB ist dann im Gutachten genau zu benennen.

b. Die mittelbare Täterschaft (§ 25 Abs. 1 Var. 2 StGB)

Charakteristisch für diese Form der Täterschaft (*durch einen anderen*) ist, dass der **Täter** die Tat nicht selbst ausführt, sondern als **überlegener „Hintermann"** eine andere Person als eine Art Werkzeug einsetzt.

? K schenkt seinem Erzfeind E einen Kuchen, in den er zuvor tödliches Gift gespritzt hat, um E endgültig zur Strecke zu bringen. E isst den Kuchen und stirbt.

! Die Selbsttötung ist nicht strafbar, sodass E schon keinen objektiven Straftatbestand erfüllt. E wird von K als Werkzeug eingesetzt; ein typischer Fall der mittelbaren Täterschaft gemäß § 25 Abs. 1 Var. 2 StGB.

Die vom Täter („Hintermann") wie ein Werkzeug eingesetzte Person nennt man „Vordermann" oder „Tatmittler".

c. Die Mittäterschaft (§ 25 Abs. 2 StGB)

Die **Mittäterschaft** zeichnet sich durch ein **arbeitsteiliges Zusammenwirken weitgehend gleichberechtigter Personen** aus.

? A entwirft den Tatplan für einen Raubüberfall, bei dem der körperlich stärkere B mitwirken soll. Die beiden führen den Überfall gemeinsam aus, die Beute wird wie geplant geteilt.

Teil 4: Grundlagen des Strafrechts

! Das ist ein klarer Fall der Mittäterschaft, bei dem nicht etwa nur ein Beteiligter den anderen am Rande unterstützt (das spräche für Beihilfe, § 27 StGB), sondern beide gleichberechtigt und arbeitsteilig zusammenwirken.

d. Die Nebentäterschaft

Fehlt es an dem für die Mittäterschaft typischen bewussten und gewollten Zusammenwirken, können trotzdem mehrere Personen Täter sein, wenn sie nämlich **unabhängig voneinander für den Taterfolg verantwortlich** sind. Diese relativ seltene **Nebentäterschaft** ist nicht ausdrücklich im Gesetz geregelt. Sie kommt meist bei Fahrlässigkeitsdelikten vor.

? Das Dach einer Eissporthalle stürzt unter hoher Schneelast ein. Durch die herabfallenden Trümmer sterben Eisläufer.

! Hier ist an fahrlässige Tötung zu denken (§ 222 StGB), wobei ein Fehlverhalten mehrerer Personen (Architekt, Statiker, Bauleiter etc.) zu untersuchen sein kann. Wenn sich die Strafbarkeit mehrerer herausstellt, sind es in dieser Konstellation Nebentäter.

Die **Nebentäterschaft** ist im Gutachten nicht als eigenständiger Punkt zu prüfen. Sie ergibt sich in einschlägigen Fällen sozusagen von selbst.

2. Die Teilnahme

Teilnehmer sind nach der Legaldefinition des § 28 Abs. 1 StGB Anstifter und Gehilfen.

Sowohl die **Anstiftung** als auch die **Beihilfe** erfordern eine **vorsätzliche rechtswidrige Haupttat** (§§ 26, 27 Abs. 1 StGB).

Deshalb ist es vom Aufbau her logisch zwingend, den **Täter vor dem Teilnehmer** zu **prüfen.** Die Darstellung der Teilnahme knüpft dann harmonisch an das zuvor zum Täter Festgestellte an.

Der **Vorsatz des Teilnehmers muss sich sowohl auf die Anstifter- oder Gehilfenhandlung als auch auf die Vollendung der Haupttat beziehen.** Obwohl der Begriff etwas schief ist, spricht man geläufig von einem „Doppelvorsatz".

a. Die Anstiftung (§ 26 StGB)

Nach § 26 StGB ist Anstifter derjenige, der den Täter zu der Haupttat *bestimmt*. Damit ist das **Hervorrufen des Tatentschlusses** gemeint.

? A bittet T darum, O zu verprügeln. T wäre zwar von sich aus nicht auf diese Idee gekommen, tut A aber den Gefallen.

! A ist Anstifter, weil er T zu dessen vorsätzlicher rechtswidriger Tat (§ 223 Abs. 1 StGB) *bestimmt* hat.

Teil 4: Grundlagen des Strafrechts

Wir weisen noch auf die **versuchte Anstiftung** hin (§ 30 Abs. 1 StGB). Dazu gibt es in § 31 Abs. 1 Nr. 1 StGB eine besondere Rücktrittsregelung.

b. Die Beihilfe (§ 27 StGB)

§ 27 Abs. 1 StGB beschreibt die **Tathandlung der Beihilfe** abstrakt als *Hilfe leisten*. Dahinter steckt die **Förderung der Haupttat**. Der **Gehilfe ermöglicht, erleichtert, beschleunigt oder intensiviert die Haupttat, ohne gleichberechtigt an der Tat beteiligt zu sein** (Abgrenzung von der Mittäterschaft / siehe Seiten 163 f).

? G stellt T seine Pistole für einen „Raubüberfall" zur Verfügung, wirkt aber darüber hinaus nicht an der Tatausführung mit. Finanzielle Interessen hat G nicht, eine wie auch immer geartete Beteiligung an der Beute ist nicht vorgesehen. Der Überfall findet unter Einsatz der Pistole statt.

! G ist Gehilfe (§ 27 StGB), weil er die Haupttat zumindest erleichtert hat, ohne gleichberechtigt an der Tat beteiligt gewesen zu sein.

Die versuchte Beihilfe ist nicht strafbar. Auch nach Vollendung der Haupttat ist u.U. an Beihilfe zu denken (sog. sukzessive Beihilfe in der Beendigungsphase / vgl. auch § 257 Abs. 3 S. 1 StGB).

VI. Versuch und Rücktritt

Ein Vorsatzdelikt durchläuft mehrere Phasen:

Die **Vorbereitungsphase** ist **grundsätzlich nicht strafbar** (Ausnahmen: § 30 Abs. 2 StGB und bestimmte Tatbestände im Vorfeld anderer Delikte, z.B. § 129 Abs. 1 StGB).

Die **Strafbarkeitsschwelle** wird gemäß § 22 StGB **mit dem unmittelbarem Ansetzen zur Tatbestandsverwirklichung überschritten, wenn** der **Versuch** des in Rede stehenden Delikts **strafbar** ist (vgl. § 23 Abs. 1 StGB).

Mit der **Vollendung** ist das Versuchsstadium abgeschlossen, der Tatbestand ist dann (vollständig) erfüllt.

Schließlich gibt es bei einigen Delikten noch eine **Beendigungsphase**.

? B begeht einen „Ladendiebstahl", fährt nach Hause und verstaut die Beute dort.

! Bei § 242 Abs. 1 StGB ist die Tat mit der Wegnahme vollendet, die Beendigung tritt aber erst mit der Beutesicherung ein.

Beim Versuch wird der subjektive Tatbestand vor dem objektiven Tatbestand geprüft. Warum das so ist, hatten wir bereits dargestellt (siehe Seite 134).

Teil 4: Grundlagen des Strafrechts

Nun zu den einzelnen Prüfungspunkten beim Versuch:

1. Vorprüfung

Man beginnt mit einer Prüfung im Vorfeld des üblichen dreistufigen Aufbaus (also vor Tatbestand, Rechtswidrigkeit, Schuld).

a. Nichtvollendung der Tat

Die Tat darf nicht vollendet sein.

In Grenzfällen wird man in der Regel zuvor die Vollendung geprüft haben und kann insoweit nach oben verweisen.

In klaren Fällen der Nichtvollendung beschränkt man sich auf einen kurzen Satz.

 Die Tat ist nicht vollendet.

b. Strafbarkeit des Versuchs

Ist der Versuch nicht strafbar, wird selbstverständlich gar nicht erst in die Prüfung des Tatbestands eingestiegen. Als Voraussetzung für die eigentliche Versuchsprüfung muss also im Einzelfall die **Strafbarkeit des Versuchs kurz festgestellt** werden. Dabei genügt es, die einschlägigen Vorschriften zu nennen.

Nach **§ 23 Abs. 1 StGB** ist der **Versuch bei Verbrechen immer strafbar**. Was ein Verbrechen ist, verrät uns § 12 Abs. 1 StGB (Mindeststrafmaß von einem Jahr Freiheitsstrafe an aufwärts / Gegenbegriff „Vergehen", § 12 Abs. 2 StGB / beachte auch § 12 Abs. 3 StGB).

Wenn es sich nicht um ein Verbrechen, sondern um ein **Verge-hen** handelt, **muss die Versuchsstrafbarkeit im jeweiligen Tatbestand ausdrücklich bestimmt sein** (wie z.b. in § 242 Abs. 2 StGB). Wo das nicht der Fall ist (z.b. in § 266 StGB), ist der Versuch nicht strafbar.

2. Tatbestand

a. Subjektiver Tatbestand

Den subjektiven Tatbestand des Versuchs nennt man auch **Tat-entschluss**. Gemeint ist damit nichts anderes als **Vorsatz hin-sichtlich der objektiven Tatbestandsmerkmale**.

Verlangt eine Strafvorschrift über den Vorsatz hinaus bestimmte **Absichten** (wie z.B. § 242 Abs. 1 StGB), müssen auch diese Absichten als **Bestandteil des subjektiven Versuchstatbe-stands** vorliegen.

Ob die Vorstellung des Täters von der Vollendung der Tat rea-listisch ist, spielt für den Versuchstatbestand grundsätzlich keine Rolle. Auch der **untaugliche Versuch** ist strafbar (umgekehrter Tatbestandsirrtum).

? T nimmt nach einem Kneipenbesuch seinen eige-nen Regenschirm mit, meint aber, er gehöre einem ande-ren.

! Ein solcher untauglicher Versuch ist strafbar (hier gemäß §§ 242 Abs. 1, Abs. 2, 22, 23 Abs. 1 StGB).

Teil 4: Grundlagen des Strafrechts

§ 23 Abs. 3 StGB regelt nur einen speziellen Bereich des untauglichen Versuchs.

? P schießt mit Pfeil und Bogen auf ein Flugzeug in 10.000 m Höhe.

! So etwas gefährdet im Gegensatz zum „normalen" untauglichen Versuch den Rechtsfrieden nicht ernsthaft. § 23 Abs. 3 StGB berücksichtigt derartige Fälle *groben Unverstands*.

Für das Strukturverständnis ist noch wichtig, den strafbaren untauglichen Versuch (umgekehrter Tatbestandsirrtum) vom straflosen sogenannten Wahndelikt zu unterscheiden. Beim **Wahndelikt** bezieht sich die Fehlvorstellung auf eine Rechtsfrage (deswegen auch die Bezeichnung des Wahndelikts als umgekehrter Verbotsirrtum).

? Der musikbegeisterte M entwendet bei einem Besuch unbemerkt eine dem Gastgeber G gehörende White-Stripes-CD. Wie von Anfang an geplant stellt M die CD bei seinem nächsten Besuch wieder in das Regal des G. M meint rechtsirrig, dass eine solche Gebrauchsanmaßung bei allen Sachen strafbar sei.

! Tatsächlich ist gemäß § 248 b Abs. 1 StGB die Gebrauchsanmaßung nur bei Kraftfahrzeugen und Fahrrädern strafbar. Der Irrtum des G führt nicht etwa zur Strafbarkeit, es handelt sich um ein strafloses Wahndelikt.

b. Objektiver Tatbestand

Nach § 22 StGB muss der **Versuchstäter nach seiner Vorstellung unmittelbar zur Tatbestandsverwirklichung angesetzt** haben.

Die Handlung muss **nach dem Plan des Täters ohne wesentliche Zwischenschritte** zur **Tatbestandsverwirklichung** führen. Solange das nicht der Fall ist, bewegt sich das Geschehen noch im Bereich der straflosen Vorbereitungshandlung.

Die Rechtsprechung zieht in diesem Zusammenhang gerne ein recht plastisches Kriterium heran: Der Täter muss die **Schwelle zum „jetzt geht es los"** überschritten haben, damit das Versuchsstadium erreicht ist.

Wie man es auch dreht und wendet, die Frage nach dem unmittelbaren Ansetzen ist und bleibt für die Fallbearbeitung besonders schwammig. In Grenzfällen kann man mit entsprechenden Argumenten den Versuchsbeginn ebenso gut bejahen wie verneinen.

? D will ein Auto stehlen und rüttelt an den Vorderrädern. Er will prüfen, ob das Lenkradschloss eingerastet ist.

! Der subjektive Versuchstatbestand ist gegeben, muss aber näher begründet werden: D ist zur Tat entschlossen, selbst wenn er das Auto nur im Falle fehlender Sicherung stehlen will (endgültiger Tatentschluss auf bewusst unsicherer Tatsachengrundlage).
   Auch der objektive Versuchstatbestand (unmittelbares Ansetzen) ist zumindest nach den Maßstäben der

171

Teil 4: Grundlagen des Strafrechts

Rechtsprechung schon mit dem Rütteln an den Rädern erfüllt. Der Bedingungseintritt (keine Sicherung durch das Lenkradschloss) ist nämlich nicht von menschlichen Verhaltensweisen abhängig, sondern „automatisiert".

3. Rechtswidrigkeit und Schuld

Bei Rechtswidrigkeit und Schuld, also den beiden (weiteren) Abschnitten des dreistufigen Prüfungsaufbaus, gibt es keine versuchsspezifischen Aspekte. Es gelten die allgemeinen Regeln (siehe Seiten 134 ff und 149 ff).

4. Besonderheit: Der Rücktritt vom Versuch

Es kommt vor, dass im Prüfungsaufbau nach der Schuld und vor dem Ergebnis Besonderheiten zu prüfen sind.

Beim Versuch gibt es die Besonderheit des Rücktritts (§ 24 StGB).

Als persönlicher Strafaufhebungsgrund (ganz herrschende Meinung) ist der **Rücktritt zwingend hinter der Schuld zu prüfen**.

§ 24 StGB erschließt sich für Anfänger nur schwer.

Man muss zunächst zwischen dem **Rücktritt des Einzeltäters (§ 24 Abs. 1 StGB)** und dem deutlich selteneren **Rücktritt des Beteiligten (§ 24 Abs. 2 StGB)** unterscheiden.

In zeitlicher Hinsicht setzt § 24 Abs. 1 StGB voraus, dass die Tat noch nicht vollendet ist. Sie muss sich also noch im Versuchsstadium befinden.

**Von vornherein ausgeschlossen ist ein Rücktritt beim soge-
nannten fehlgeschlagenen Versuch.** Ein Versuch ist fehlgeschlagen, wenn der Täter nach seiner Vorstellung die Tat nicht
mehr vollenden kann.

? T hat nur einen einzigen Schuss, der aber das Opfer
verfehlt.

! Hier ist wegen des fehlgeschlagenen Versuchs kein
Rücktritt möglich. T könnte die Tat jedenfalls mit den aktuell zur Verfügung stehenden Mitteln nicht vollenden. Im
Übrigen wäre ein Aufgeben in solchen Situationen auch
nie freiwillig i.S.d. § 24 StGB.

Was das Gesetz nicht unmittelbar verrät: **Das bloße Aufhören
(§ 24 Abs. 1 S. 1 Var. 1 StGB) genügt nur, wenn der Versuch
unbeendet ist.** Unbeendet ist ein Versuch, wenn der Täter
glaubt, noch nicht alles zum Erfolgseintritt Erforderliche getan zu
haben.

? M hat ein voll geladenes Magazin in seinem Gewehr, verfehlt O jedoch mit den ersten Schuss. Nun be-
sinnt er sich eines Besseren und nimmt von seinem ursprünglichen Tötungsplan Abstand.

! Der Versuch war nicht fehlgeschlagen (M hätte wei-
terschießen können). Da es sich um einen unbeendeten
Versuch gehandelt hat, konnte M durch schlichtes Aufhö-

173

ren gemäß § 24 Abs. 1 S. 1 Var. 1 StGB strafbefreiend vom Versuch zurücktreten.

Beim beendeten Versuch muss grundsätzlich die Vollendung vom Täter verhindert werden (§ 24 Abs. 1 S. 1 Var. 2 StGB) oder aber zumindest ein ernsthaftes Bemühen dazu vorliegen (im Fall des § 24 Abs. 1 S. 2 StGB). Beendet ist der Versuch, wenn der Täter glaubt, alles Erforderliche zum Erfolgseintritt getan zu haben und er deshalb den Erfolg für möglich hält.

? T will O erschießen. Der erste Schuss trifft. T vermutet, dass der verletzte O an der Schussverletzung sterben wird, wenn nicht umgehend rettend eingegriffen wird.

! In dieser Konstellation (beendeter Versuch) muss T aktiv werden, wenn er in den „Genuss" des § 24 Abs. 1 StGB kommen will.

Die **wichtige Unterscheidung von beendetem und unbeendetem Versuch** ist in der Fallbearbeitung nicht immer einfach. Kompliziert wird es vor allem, wenn bei dynamischen Geschehensabläufen mehrere Handlungen in einer möglichen Gesamtbetrachtung zu untersuchen sind. Ein weites Feld ...

Jeder Rücktritt i.S.d. § 24 StGB setzt schließlich **Freiwilligkeit** voraus:

Nur selbst gesetzte Motive können zur Strafbefreiung gemäß § 24 StGB führen („Ich will nicht, obwohl ich könnte" = Freiwilligkeit). Die Einstellung „Ich kann nicht, obwohl ich wollte" (keine Freiwilligkeit) führt dagegen nicht zum Rücktritt.

VII. Das Fahrlässigkeitsdelikt

Gemäß **§ 15 StGB** ist grundsätzlich nur vorsätzliches Handeln mit Strafe bedroht.

Fahrlässiges Handeln ist lediglich in bestimmten Bereichen strafbar. Dafür gibt es **spezielle Tatbestände** wie §§ 222, 229 StGB.

In der Praxis liegt Vorsatz oft derart fern, dass die Prüfung sinnvollerweise ohne Umschweife beim einschlägigen Fahrlässigkeitsdelikt ansetzt.

? Durch einen von Autofahrer A verursachten Verkehrsunfall wird Radfahrer R verletzt.

! Eine vorsätzliche Körperverletzung (§ 223 Abs. 1 StGB, gegebenenfalls qualifiziert gemäß § 224 Abs. 1 Nr. 2 StGB) ist hier geradezu abwegig. Die Prüfung steuert deshalb direkt auf die fahrlässige Körperverletzung gemäß § 229 StGB zu.

Gerade in Ausbildungs- und Prüfungsfällen kommt es häufig vor, dass zunächst ein Vorsatzdelikt zu prüfen ist. Erst im Laufe der Untersuchung führt der Weg zum Fahrlässigkeitsdelikt. Ein Beispiel dafür ist der Irrtum über das Handlungsobjekt bei nicht gleichwertigen Objekten (error in obiecto):

Teil 4: Grundlagen des Strafrechts

? S ist von dem Hund seines Nachbarn N genervt. Als es eines Tages nebenan im Gebüsch raschelt, schießt S mit der Schrotflinte. Er will auf diese Weise dem Hund eine Abreibung verpassen. Die Schrotkugeln treffen jedoch den N, der – von S unerkannt – Unkraut beseitigt hat.

! Die gefährliche Körperverletzung (§§ 223 Abs. 1, 224 Abs. 1 Nr. 2 StGB) setzt Vorsatz voraus. S wusste nicht, dass sich B hinter dem Gebüsch befindet. S handelte nicht vorsätzlich (§ 16 Abs. 1 S. 1 StGB). Er kann sich aber gemäß § 229 StGB wegen fahrlässiger Körperverletzung strafbar gemacht haben (§ 16 Abs. 1 S. 2 StGB).

Der nicht verwirklichte Tatentschluss (Vorsatz) des S bezog sich auf den Hund. Deshalb liegt zusätzlich liegt eine versuchte Sachbeschädigung gemäß §§ 303 Abs. 1, Abs. 3, 22, 23 Abs. 1 StGB vor.

Wichtig ist, dass die **Verneinung des Vorsatztatbestands** (z.B. § 223 Abs. 1 StGB) **nicht automatisch** die **Fahrlässigkeitsstrafbarkeit** (z.B. nach § 229 StGB) mit sich bringt. § 16 Abs. 1 S. 2 StGB deutet es an: Der **Fahrlässigkeitstatbestand muss gesondert nach eigenen Regeln geprüft werden**. Dabei spielen speziell auf das Fahrlässigkeitsdelikt zugeschnittene Prüfungspunkte wie die „objektive Sorgfaltspflichtverletzung" und der „Pflichtwidrigkeitszusammenhang" eine Rolle.

Bei fahrlässigen Straftaten scheiden naturgemäß alle vorsatzbezogenen Rechtsfiguren aus. Vom Ansatz her unpassend sind daher insbesondere Versuch und Teilnahme. Auch Mittäterschaft kommt in diesem Bereich nicht in Betracht. Bei Fahrlässigkeitsdelikten gibt es allenfalls Nebentäterschaft (siehe dazu Seite 164).

VIII. Das Unterlassungsdelikt

Man kann sich bekanntlich **nicht nur** durch **aktives Tun** strafbar machen, sondern **auch durch Unterlassen**. Grundlegend ergibt sich das aus **§ 13 Abs. 1 StGB**.

Bei echten Unterlassungsdelikten ist das Unterlassen **unmittelbar tatbestandsmäßig** (kein Fall des § 13 StGB). Jeder kennt sinngemäß den Tatbestand der **unterlassenen Hilfeleistung**, das **Paradebeispiel für** ein **echtes Unterlassungsdelikt** (§ 323 c StGB). Als weitere Beispiele sind § 123 Abs. 1 Var. 2 StGB (Nicht-Entfernen) und § 138 StGB zu nennen.

Unechte Unterlassungsdelikte können **über § 13 Abs. 1 StGB aus einem beliebigen Begehungsdelikt** entstehen.

Beginnen wir aber mit einem einfachen **Beispiel für aktives Tun**:

> **?** T und O sind gemeinsam beim Schlittschuhlaufen auf einem gefrorenen See unterwegs. T stößt O mit Körperverletzungsvorsatz in ein Eisloch.

> **!** Das aktive Tun führt bei entsprechendem Taterfolg zur Strafbarkeit wegen vorsätzlicher Körperverletzung gemäß § 223 Abs. 1 StGB.

Im Gegensatz dazu ein **Unterlassen** in folgendem Parallelbeispiel:

Teil 4: Grundlagen des Strafrechts

? T und O sind gemeinsam beim Schlittschuhlaufen auf einem gefrorenen See unterwegs. T bemerkt, wie O in ein Eisloch sinkt. T könnte O herausziehen, sieht aber mit Körperverletzungsvorsatz zunächst tatenlos zu, bis O stark unterkühlt ist.

! Dieses Unterlassen kann gemäß § 223 Abs. 1 i.V.m. § 13 Abs. 1 StGB zur Strafbarkeit wegen vorsätzlicher Körperverletzung durch Unterlassen führen (hier also ein vorsätzliches unechtes Unterlassungsdelikt).

Auch Fahrlässigkeitsdelikte wie §§ 222, 229 StGB (siehe Seiten 175 f) können durch Unterlassen begangen werden. Gerade hier ist es häufig nicht einfach, **Tun von Unterlassen abzugrenzen**. In diesem Bereich spielt der „Ziegenhaar-Fall" aus Reichsgerichtszeiten, ein weiterer ewiger Schulfall:

? Ein Fabrikant ließ infizierte Ziegenhaare verarbeiten, was zum Tod von Arbeiterinnen durch Milzbrandbakterien führte. Die Nichtdesinfektion der Haare ist ein Unterlassen, das Ausgeben der infizierten Haare ein aktives Tun. Worauf stellt man ab? Ist fahrlässige Tötung durch Unterlassen gemäß §§ 222, 13 Abs. 1 StGB oder fahrlässige Tötung durch aktives Tun gemäß § 222 StGB einschlägig?

! Im Ergebnis ist man sich einig, dass der richtige Ansatz in Fällen dieser Art das aktive Tun ist (im Beispiel also das Ausgeben der Haare). Hier liegt der Schwerpunkt der Vorwerfbarkeit.

C. Die klassisch wichtigen Straftatbestände

Die folgende **Aufstellung** soll nur einen ersten Überblick geben. Hier weiter in die Tiefe zu gehen, wäre eine Überfrachtung dieses Basisbuchs.

Vom Aufbau her orientiert sich die **Liste der klassisch wichtigen Straftatbestände** an unseren Strafrechtsbüchern aus der Rubrik „Die Fälle". Dort gibt es neben „Strafrecht AT" die Titel „Strafrecht BT 1 – Nichtvermögensdelikte" und „Strafrecht BT 2 – Vermögensdelikte".

I. Nichtvermögensdelikte

Die Nichtvermögensdelikte sind auf sehr unterschiedliche Situationen und Handlungen zugeschnitten. Deshalb gibt es zwischen den Abschnitten nur vergleichsweise wenige Parallelen.

1. Tötungsdelikte

Das dogmatische Verhältnis von **Mord (§ 211 StGB)** zu **Totschlag (§ 212 StGB)** ist von jeher umstritten.

Die Tötung auf Verlangen gemäß § 216 Abs. 1 StGB kann nie Mord sein (Sperrwirkung). In § 213 StGB ist nur eine Strafzumessungsvorschrift geregelt.

Besonders prüfungsrelevant sind typischerweise die **Mordmerkmale** *Heimtücke*, *Habgier* und *Verdeckungsabsicht* (vgl. § 211 Abs. 2 StGB).

2. Körperverletzungsdelikte

Bei den Körperverletzungsdelikten kommt es in Prüfungen vor allem auf die Qualifikationen der vorsätzlichen **Körperverlet-**

179

Teil 4: Grundlagen des Strafrechts

zung gemäß § 223 Abs. 1 StGB an. Das sind vor allem die gefährliche Körperverletzung nach § 224 Abs. 1 StGB und die schwere Körperverletzung gemäß § 226 StGB.

3. Delikte gegen die persönliche Freiheit

Die **Freiheitsberaubung nach § 239 StGB** hatten wir bereits als Beispiel für einen Meinungsstreit herangezogen. Die Frage war, ob und gegebenenfalls unter welchen Umständen auch der nur potenzielle Fortbewegungswille genügt (siehe Seiten 55 ff).

Ein praktisch häufiger Tatbestand ist die **Nötigung gemäß § 240 StGB**. Hier gibt es typische Probleme vor allem im Zusammenhang mit dem Gewaltbegriff.

4. Beleidigungsdelikte

§ 185 StGB passt vom Ansatz her für Werturteile und sämtliche Äußerungen (auch Tatsachenbehauptungen) gegenüber dem Betroffenen.

Für Tatsachenbehauptungen gegenüber einem anderen als dem Betroffenen gibt es mit §§ 186, 187 StGB spezielle Straftatbestände.

5. Hausfriedensbruch

Auch der Hausfriedensbruch gemäß § 123 StGB hält ab und zu prüfungsrelevante Probleme bereit.

6. Delikte gegen die Rechtspflege

Unter der Bezeichnung Delikte gegen die Rechtspflege sind eine Reihe ziemlich unterschiedlicher Straftatbestände versammelt:

Es gibt **Aussagedelikte** (§§ 153, 154, 160 StGB), die **falsche Verdächtigung** (§ 164 StGB, siehe auch § 145 d StGB), die **Begünstigung** (§ 257 StGB) und die **Strafvereitelung** (§ 258 StGB).

7. Urkundendelikte

In diesem Bereich ist allen voran die **Urkundenfälschung** gemäß **§ 267 Abs. 1 StGB** in ihren drei Varianten zu nennen (siehe aber auch § 268 StGB).

Darüber hinaus sind hier bei aller gebotenen Kürze noch die Urkundenunterdrückung nach **§ 274 Abs. 1 StGB**, die mittelbare Falschbeurkundung nach **§ 271 StGB** und der Missbrauch von Ausweispapieren nach **§ 281 StGB** erwähnenswert.

8. Brandstiftungsdelikte

Gelegentlich werden auch Brandstiftungsdelikte geprüft. Die (einfache) **Brandstiftung (§ 306 Abs. 1 StGB)** ist ein Spezialfall der Sachbeschädigung und nicht etwa der Grundtatbestand für § 306 a Abs. 1 StGB. Bei der **schweren Brandstiftung (§ 306 a StGB)** geht es um die abstrakte Gefährdung unabhängig von der Eigentumslage.

9. Verkehrsdelikte

Praktisch sehr wichtig sind vor allem **§ 316 StGB** (Trunkenheit im Verkehr) und **§ 315 c StGB** (Gefährdung des Straßenverkehrs).

In Prüfungsaufgaben taucht auch gerne einmal **§ 142 StGB** mit seiner relativ komplizierten Struktur und dem einen oder anderen Spezialproblem auf. Der korrekten Bezeichnung nach ist

Teil 4: Grundlagen des Strafrechts

hier **das unerlaubte Entfernen vom Unfallort** geregelt (nur im Volksmund „Fahrerflucht").

II. Vermögensdelikte

Die Vermögensdelikte sind sich naturgemäß ähnlicher als die Straftatbestände, die im „Auffangbecken" der Nichtvermögensdelikte landen.

Deshalb kann man im Bereich der Vermögensdelikte häufiger und besser aus dem Baukasten arbeiten.

Allerdings sind hier auch einige der schwierigsten Fragen des gesamten Strafrechts zu finden.

1. Diebstahl und Unterschlagung

Den Diebstahl hatten wir bereits mehrfach angesprochen. **§ 242 Abs. 1 StGB** bietet sich als Musterbeispiel für einen gängigen Straftatbestand geradezu an und spielt traditionell auch im Studium eine überragende Rolle.

Probleme kann es bei sämtlichen objektiven Tatbestandsmerkmalen geben.

Im subjektiven Tatbestand kommt die Absicht der rechtswidrigen Zueignung als ebenfalls beliebtes Prüfungsthema hinzu.

Aus **§ 243 Abs. 1 StGB** ergibt sich keine eigenständige Strafbarkeit. Solche **Strafzumessungsregel**n sind keine Straftatbestände, sondern ergänzen die Tatbestände nur auf der Rechtsfolgenseite. Der richtige Prüfungsstandort für § 243 Abs. 1 StGB liegt zwischen „Schuld" und „Ergebnis" (siehe schon Seite 172 zu einer anderen „Besonderheit").

C. Die klassisch wichtigen Straftatbestände
II. Vermögensdelikte
2. Raub und räuberischer Diebstahl

243 Abs. 1 StGB ist zusammen mit § 242 Abs. 1 StGB ein besonders schwerer Fall des Diebstahls (nicht „besonders schwerer Diebstahl").

§ 244 StGB enthält verschiedene Qualifikationstatbestände, nämlich den Diebstahl mit Waffen, den Bandendiebstahl und den Wohnungseinbruchdiebstahl. Darüber hinaus gibt es in § 244 a StGB den schweren Bandendiebstahl.

Die **Unterschlagung** gemäß § 246 Abs. 1 StGB ist ein Auffangtatbestand. Die **Zueignung** ist hier die **Tathandlung** (objektiver Tatbestand), während sie bei § 242 Abs. 1 StGB nur als Zueignungsabsicht im subjektiven Tatbestand auftaucht (beim Diebstahl ist Tathandlung die „Wegnahme").

2. Raub und räuberischer Diebstahl

Der **Raub** (§ 249 Abs. 1 StGB) ist ein zusammengesetztes Delikt mit Diebstahls- und Nötigungselementen. Es gibt eine Qualifikation in § 250 StGB. Auch der **räuberische Diebstahl** (§ 252 StGB) ist ein recht beliebtes Thema in Ausbildung und Prüfung.

3. Betrug, Erpressung, Untreue

Betrug ist ein ebenso wichtiger wie schwieriger Tatbestand. Das hängt auch damit zusammen, dass der Wortlaut des § 263 Abs. 1 StGB eher verwirrend ist.

Die **Erpressung** gemäß § 253 StGB gehört wie § 240 StGB zu den sogenannten offenen Tatbeständen, bei denen die Rechtswidrigkeit ausnahmsweise positiv zu prüfen ist (§ 253 Abs. 2 StGB). Die **Qualifikation zur räuberischen Erpressung** führt **über § 255 StGB** (*gleich einem Räuber*) gegebenenfalls noch weiter. So kann es beispielsweise zur schweren räuberischen Erpressung gemäß §§ 253 Abs. 1, Abs. 2, 255, 250 Abs. 1 Nr. 1 a) StGB kommen.

Teil 4: Grundlagen des Strafrechts

Die **Untreue (§ 266 Abs. 1 StGB)** ist ein sehr unscharfer, für Anfänger schwieriger Tatbestand. Die Vorschrift ist im Übrigen eines der inzwischen wenigen Beispiele dafür, dass der Versuch eines Straftatbestands nicht strafbar ist.

4. Hehlerei

Auch **§ 259 Abs. 1 StGB** ist nicht unbedingt leicht zu erfassen. Die **Hehlerei** setzt ein einverständliches Zusammenwirken mit dem Vorbesitzer der Sache voraus. Im Gesetz sind Varianten dieses Zusammenwirkens genannt (*Ankaufen* usw.).

Das soll als erster Überblick zu den Straftatbeständen genügen. Wir wollen den Rahmen des Basisbuchs nicht sprengen.

And now for something completely different ...

Teil 5: Grundlagen des öffentlichen Rechts

Das öffentliche Recht ist durch ein grundsätzliches **Über- und Unterordnungsverhältnis zwischen dem Hoheitsträger** (z.B. einer Gemeinde) **und den Bürgern** gekennzeichnet. Im Gegensatz zum Zivilrecht gilt hier salopp gesagt das Motto „Ich Chef, du Turnschuh!". Unter diesem Aspekt zählen auch das Strafrecht und das Verfahrensrecht (Prozessrecht: ZPO, StPO usw.) formal zum öffentlichen Recht. So spricht man von „Gerichtsunterworfenen", wenn man die Einwohner eines bestimmten Gerichtsbezirks meint. Das klingt etwas altbacken, ist aber durchaus symptomatisch.

Nach der klassischen Aufteilung in der Juristenausbildung besteht das öffentliche Recht aus **Verfassungsrecht und Verwaltungsrecht.**

Als Rechtsquelle für das Verfassungsrecht ist in erster Linie das **Grundgesetz** der Bundesrepublik Deutschland zu nennen (kurz GG). Auf Länderebene gibt es die Länderverfassungen.

Das **Verwaltungsrecht** ist teils Bundes- und teils Landesrecht. Als Bundesgesetz ist beispielsweise das Baugesetzbuch zu beachten (BauGB / betrifft das sogenannte Bauplanungsrecht), als Landesgesetze die jeweiligen Bauordnungen der Länder (sogenanntes Bauordnungsrecht). Typische Landesgesetze sind z.B. auch die Ordnungsbehörden- und Polizeigesetze der Länder.

Im gesamten öffentlichen Recht spielt das Verfahrensrecht (Prozessrecht) bereits im Studium eine große Rolle. Anders als im Zivilrecht und im Strafrecht sorgt in der Regel die **Fallfrage** für eine **prozessrechtliche Einkleidung**. Im Verwaltungsrecht kommt z.B. eine Anfechtungsklage oder Verpflichtungsklage

Teil 5: Grundlagen des öffentlichen Rechts

nach der Verwaltungsgerichtsordnung (VwGO) in Betracht, je nach Rechtsschutzziel. Im Verfassungsrecht läuft es darauf hinaus, dass das Bundesverfassungsgericht angerufen wird (auf Bundesebene). Das kann z.B. durch eine Verfassungsbeschwerde oder ein Organstreitverfahren geschehen. All diese prozessualen Varianten haben gemeinsam, dass zwischen **Zulässigkeit** einer Klage und **Begründetheit** einer Klage (oder einer Beschwerde) zu unterscheiden ist. Um zur Sache vorzudringen, müssen erst gewisse Zulässigkeitshürden genommen werden (zu alledem unten mehr).

A. Verfassungsrecht

I. Der Aufbau des Grundgesetzes: Grundrechte und Staatsorganisationsrecht

Das Grundgesetz beginnt mit den Grundrechten ab Art. 1 bis 19 GG. Auch weiter hinten tauchen noch Grundrechte auf, nämlich die Justizgrundrechte aus Art. 101 bis 104 GG. Hinzu kommen die Rechte des Staatsbürgers aus Art. 33 und Art. 38 Abs. 1 S. 1 GG.

Ab Art. 20 GG geht es ganz überwiegend um das Staatsorganisationsrecht.

II. Grundrechte

1. Grundsätzliche Bedeutung und Einteilung der Grundrechte

Nach Art. 1 Abs. 3 GG sind die **Grundrechte bindend und unmittelbar geltendes Recht**. Die Grundrechte sind **in erster Li-**

nie **Abwehrrechte gegen den Staat**, fließen aber auch in das Privatrecht ein. Wir erinnern uns vielleicht an den „Interview-Fall" (Seite 16). Dort ging es um das aus Art. 1 Abs. 1 GG und Art. 2 Abs. 1 GG abgeleitete allgemeine Persönlichkeitsrecht (Beispiel für Gewohnheitsrecht).

Grundrechte kommen mit starken Worten daher:

? *Die Würde des Menschen ist unantastbar. Sie zu achten und zu schützen ist die Verpflichtung aller staatlichen Gewalt.* (Art. 1 Abs. 1 GG)

! S. 1 ist sprachlich misslungen. Gemeint ist „Die Würde des Menschen darf nicht angetastet werden." oder – etwas pathetischer – „Die Würde des Menschen darf unter keinen Umständen angetastet werden." Wäre sie tatsächlich „unantastbar", wären Verstöße gegen Art. 1 Abs. 1 S. 1 GG undenkbar. Faktisch kann die Würde des Menschen sehr wohl „angetastet" werden, das „Antasten" ist allerdings nach Art. 1 Abs. 1 GG verboten.

Nicht minder wuchtig ist folgende Aussage:

✖ *Jeder hat das Recht auf die freie Entfaltung seiner Persönlichkeit, ...* (Art. 2 Abs. 1 GG, erster Halbsatz)

Angesichts dieser wie in Stein gemeißelt wirkenden Botschaften könnte man meinen, dass jedem Menschen ein gelingendes Leben nach seinen Wunschvorstellungen garantiert sei. Wir wissen alle, dass ein solches Verständnis weit vor der Realität entfernt wäre. Bei den Grundrechten holt uns vor allem deren **Einschränkbarkeit** auf den Boden der Tatsachen zurück.

? So heißt es dann in Art. 2 Abs. 1 GG zur allgemeinen Handlungsfreiheit weiter: ... *soweit er nicht die Rechte anderer verletzt und nicht gegen die verfassungsmäßige Ordnung oder das Sittengesetz verstößt.*

! Die allgemeine Handlungsfreiheit kann durch Gesetze eingeschränkt werden. Gesetze sind nämlich Bestandteil der *verfassungsmäßigen Ordnung*, sofern sie selbst verfassungsgemäß sind.

Die meisten Grundrechte sind **Freiheitsgrundrechte**, allen voran die gerade angesprochene allgemeine Handlungsfreiheit aus Art. 2 Abs. 1 GG.

Daneben gibt es **Gleichheitsrechte**, für bestimmte Sachbereiche geregelt vor allem in Art. 3 Abs. 2 und Abs. 3 GG, Art. 6 Abs. 1 und Abs. 5 GG und in Art. 3 Abs. 1 bis Abs. 3 GG. Der allgemeine Gleichheitssatz steht in Art. 3 Abs. 1 GG:

✖ *Alle Menschen sind vor dem Gesetz gleich.* (Art. 3 Abs. 1 GG)

Wir hatten den Gedanken der Gleichheit schon einmal im Zusammenhang mit der objektiven Gerechtigkeit angesprochen, nämlich bei dem „Fall Emmely" (Kündigung wegen unrechtmäßiger Einlösung von Leergutbons, Seiten 61 ff). Den Kern der Sache hatten wir bereits dort herausgearbeitet: **Wesentlich Gleiches muss gleich behandelt werden**, **wesentlich Ungleiches** hingegen **darf nicht gleich behandelt werden**.

2. Freiheitsgrundrechte

Am Anfang des Buchs gab es bei der Vorstellung typischer Fallfragen schon ein Beispiel im Zusammenhang mit Freiheitsgrundrechten. Dort war die Verfassungsbeschwerde gegen eine Verurteilung wegen „Geschwisterinzests" gemäß § 173 Abs. 2 S. 2 StGB gerichtet (Seite 26).

Wir kommen nun ohne große Umschweife zu einem weiteren lehrreichen Fallbeispiel, das **mehrere Freiheitsgrundrechte** betrifft und interessante Fragen aufwirft. Dieser wahre Fall ist einer Entscheidung des Bundesverfassungsgerichts nachgebildet. Es geht – vereinfacht gesagt – um ein **Sonnenstudio-Verbot für Minderjährige**. Wir stellen in diesem Basisbuch die Argumentation in der Sache vom Ergebnis her dar. Fragen im Zusammenhang mit der Zulässigkeit der Verfassungsbeschwerden werden hier nicht angesprochen.

? Nach § 4 in Verbindung mit § 3 des Gesetzes zum Schutz vor nichtionisierender Strahlung bei der Anwendung am Menschen (NiSG) darf die Benutzung von Anlagen zur Bestrahlung der Haut mit ultravioletter Strahlung in Sonnenstudios und anderen öffentlich zugänglichen Räumen Minderjährigen nicht gestattet werden. Hintergrund für die Einführung dieser Regelung im Jahr 2009 war aus Sicht des Gesetzgebers das erhöhte Risiko einer Hautkrebserkrankung im Erwachsenenalter bei künstlicher UV-Strahlung bereits im Kindes- und Jugendalter.

Die 16-jährige Schülerin S möchte allerdings weiterhin das öffentliche Solarium ihres Vertrauens nutzen und sieht sich durch das neue Gesetz in ihrer allgemeinen Handlungsfreiheit verletzt. Deshalb wendet sie sich im Wege der Verfassungsbeschwerde unmittelbar gegen das Verbot in § 4 NiSG (Beschwerdeführerin 1).

Die Eltern der S schließen sich der Verfassungsbeschwerde als Beschwerdeführer 2) und 3) an. Sie wollen ihrer Tochter die Solariennutzung in alter Familientradition weiter erlauben und rügen die Verletzung ihres Elterngrundrechts.

Schließlich springt noch der Sonnenstudio-Betreiber B auf den Zug der Verfassungsbeschwerden auf (Beschwerdeführer 4). Er sieht sich in seinem Grundrecht auf freie Berufsausübung verletzt. (vereinfacht nach BVerfG, Beschluss vom 21.12.2011, 1 BvR 2007/10)

Haben die Verfassungsbeschwerden in der Sache Aussicht auf Erfolg?

❗ Formulierungsvorschlag (im Urteilsstil):

Im Ergebnis hat keine der Verfassungsbeschwerden Aussicht auf Erfolg.

- Zur Verfassungsbeschwerde der S:

Die Verfassungsbeschwerde der S ist unbegründet.

Das Grundrecht auf freie Entfaltung der Persönlichkeit aus Art. 2 Abs. 1 GG erfasst zwar auch riskantes Verhalten bis hin zur bewussten Selbstschädigung.

§ 4 NiSG schränkt aber als verfassungsgemäßes Gesetz Art. 2 Abs. 1 GG wirksam ein. Das Gesetz ist insbesondere verhältnismäßig.

Die Vorschrift verfolgt das legitime Ziel, Menschen vor Hautkrebs zu schützen.

§ 4 NiSG ist zur Erreichung dieses Ziels geeignet. Es mag sein, dass sich Minderjährige bei diesem Verbot verstärkt der natürlichen Sonnenstrahlung aussetzen. Durch das Verbot in § 4 NiSG wird aber im Ergebnis eine Reduzierung der UV-Strahlung erreicht. Zumindest unter mitteleuropäischen Klima- und Wetterbedingungen besteht die Möglichkeit einer intensiven Bestrahlung durch die Sonne nur zeitweise und eingeschränkt. Eben dies ist der Hauptgrund für den Erfolg der Sonnenstudios in unseren Breiten. Sie können zu jeder Jahreszeit unabhängig vom Wetter und von der Tageszeit genutzt werden.

Die Maßnahme ist auch erforderlich, da andere, gleich wirksame Mittel nicht erkennbar sind.

Das Verbot ist schließlich angemessen. Die Maßnahme belastet die Betroffene (hier S) nicht übermäßig. Der Eingriff betrifft zwar die private Lebensgestaltung und damit den Kernbereich des Art. 2 Abs. 1 GG. Der Jugendschutz ist aber als Rechtfertigungsgrund für Grundrechtseingriffe ausdrücklich anerkannt (vgl. Art. 5 Abs. 2 GG). Speziell bei Jugendlichen ist die Abwehr drohender Selbstgefährdungen im allgemeinen Interesse. Jugendliche sind nämlich typischerweise im Vergleich zu Volljährigen noch weniger zur Einsicht fähig und bereit, es fehlt ihnen oft noch an der notwendigen Reife. Schließlich bedarf es für ausreichende Bildung von Vitamin D keineswegs künstlicher UV-Strahlung. Schon nicht allzu seltene Aufenthalte im Freien reichen insoweit aus.

- Zur Verfassungsbeschwerde der Eltern:

Auch die Verfassungsbeschwerde der Eltern ist unbegründet.

Ein etwaiger Eingriff in das Erziehungsrecht aus Art. 6 Abs. 2 S. 1 GG wäre jedenfalls gerechtfertigt. § 4 NiSG ist insoweit – wenn überhaupt – nur ein geringfügiger Eingriff. Zu diesem Eingriff steht das umfassende, nicht von Einverständnismöglichkeiten der Eltern abhängige Verbot der Solariennutzung durch Minderjährige nicht außer Verhältnis. Den Eltern wird nur die Möglichkeit genommen, nach ihren Erziehungsvorstellungen darüber zu entscheiden, ob ihr Kind öffentlich zugängliche Solarien nutzen können soll. Ansonsten bleibt es den Eltern unbenommen, dem Kind im privaten Lebensbereich auch künstliche UV-Strahlung zu ermöglichen, wenn sie es denn für verantwortbar und richtig halten.

- Zur Verfassungsbeschwerde des B:

Schließlich ist die Verfassungsbeschwerde des B ebenfalls unbegründet.

Der Eingriff in das Grundrecht der Berufsfreiheit aus Art. 12 Abs. 1 S. 1 GG ist durch Gesetz gerechtfertigt (vgl. Art. 12 Abs. 1 S. 2 GG). Es geht hier lediglich um die Berufsausübungsfreiheit, nicht um die Freiheit der Berufswahl. § 4 NiSG ist auch bezogen auf Art. 12 Abs. 1 GG verhältnismäßig. Die Vorschrift belastet die Sonnenstudio-Betreiber und damit auch B nicht in unzumutbarer Weise. Die hohe Bedeutung des Jugendschutzes im Allgemeinen und der Gefahren durch UV-Strahlung im Besonderen (s.o.) steht einem relativ geringfügigen Eingriff gegenüber. Von den potenziellen Kunden werden den Sonnenstudio-Betreibern durch das Gesetz nämlich nur die Minderjährigen entzogen. Auch diese sind nicht daran gehindert, nach Eintritt der Volljährigkeit legal die Sonnenstudios zu nutzen.

So viel an dieser Stelle zu den Freiheitsgrundrechten. Wir kommen zu den Gleichheitsgrundrechten.

3. Gleichheitsgrundrechte

Für das Verständnis der Gleichheitsgrundrechte ist der Blick zunächst auf den **allgemeinen Gleichheitssatz** und damit auf **Art. 3 Abs. 1 GG** zu richten. Im Grundgesetz sind wie gesagt darüber hinaus Gleichheitsrechte für bestimmte Sachbereiche geregelt. Die wichtigsten speziellen Gleichheitsrechte sind Art. 3 Abs. 2 und Abs. 3 GG, Art. 6 Abs. 1 und Abs. 5 GG sowie Art. 3 Abs. 1 bis Abs. 3 GG.

Der Grundgedanke des allgemeinen Gleichheitssatzes (Art. 3 Abs. 1 GG) leuchtet auf Anhieb ein: **Gleiche Lebenssachverhalte dürfen nicht unterschiedlich, unterschiedliche Sachverhalte dürfen nicht gleich behandelt werden.** Der Teufel steckt aber auch hier im Detail.

Zunächst einmal sind – entgegen gängigem Sprachgebrauch – **Dinge, Personen und Sachverhalte immer vergleichbar.**

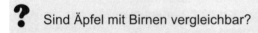

? Sind Äpfel mit Birnen vergleichbar?

! Äpfel sind mit Birnen vergleichbar, es ist sogar sinnvoll, sie zu vergleichen. Zwischen den sprichwörtlichen Obstsorten gibt es Gemeinsamkeiten (Kernobst) und Unterschiede (Form). Im Volksmund ist mit „nicht vergleichbar" sinngemäß „eindeutig nicht gleichzusetzen" gemeint. Dann sollte man das aber besser auch so schreiben, zumal in juristischen Texten (Stichwort „Trennschärfe", siehe Seiten 69 f).

Teil 5: Grundlagen des öffentlichen Rechts

Zwei Sachverhalte können nie absolut gleich sein, **Unterschiede gibt es immer**.

? Was ist von dem geläufigen Einwand „Der Vergleich hinkt" zu halten?

! Davon ist nicht viel zu halten. Etwas klugscheißerisch aber eben auch richtig kann man entgegnen: **Jeder Vergleich hinkt, sonst wäre es kein Vergleich!**

Der **Gleichheitssatz** kommt in ständiger Rechtsprechung des Bundesverfassungsgerichts **nur bei wesentlich gleichen oder** umgekehrt bei wesentlich **ungleichen Sachverhalten** zum Tragen. Die Preisfrage ist dann, ob diese „Wesentlichkeitsgrenze" im Einzelfall überschritten ist oder nicht.

Vom Aufbau her ist umstritten, ob die anschließende **Rechtfertigungsprüfung** eigenständige Bedeutung hat oder in der Sache mit der Wesentlichkeitsprüfung identisch ist. Als Faustregel kann man sich auf der Linie des Bundesverfassungsgerichts merken: **Ein Unterschied ist wesentlich, wenn er die unterschiedliche Behandlung rechtfertigt.**

Und nun ein Fallbeispiel zum allgemeinen Gleichheitssatz. Es wird uns unten beim Verwaltungsrecht wieder begegnen.

? Gastwirt G nutzt seit Jahren mit entsprechender Sondernutzungserlaubnis den öffentlichen Bürgersteig vor seiner Gaststätte, um Tische und Stühle aufzustellen.

194

Nun möchte er auf dem Bürgersteig einen für die gewerbliche Nutzung zugelassenen Gasheizstrahler (Heizpilz) aufstellen. Die Erlaubnis für das Aufstellen eines Heizpilzes wird jedoch von der Behörde abgelehnt, weil dem *überwiegende öffentliche Belange* entgegenstünden. Konkret stellt die Behörde auf Belange des Klimaschutzes ab. Diese seien durch den Kohlenstoffdioxidausstoß von 3,5 kg pro Stunde beeinträchtigt. G sieht sich gegenüber anderen Gastwirten benachteiligt, die auf privatem Grund ohne Weiteres Heizpilze betreiben dürfen. Ist durch die Entscheidung der Behörde der Gleichheitssatz des Art. 3 Abs. 1 GG verletzt? (vereinfacht nach OVG Berlin-Brandenburg, Urteil vom 03.11.2011, OVG 1 B 65/10)

! Nein, es handelt sich nicht um wesentlich gleiche Lebenssachverhalte. Der Vergleich zeigt, dass es um unterschiedliche Regelungskreise geht. Das Recht der privilegierenden Sondernutzungserlaubnis folgt grundlegend anderen Regeln als eventuelle klimaschutzrechtliche Eingriffe in Rechte Privater. Die unterschiedliche Behandlung ist deshalb gerechtfertigt. Der Gleichheitssatz des Art. 3 Abs. 1 GG ist durch die Entscheidung der Behörde nicht verletzt.

Der Gleichheitssatz (allgemein Art. 3 Abs. 1 GG) dient in erster Linie dazu, Willkürentscheidungen zu verhindern. Gewisse Ungleichbehandlungen sind in vielen Lebensbereichen unausweichlich. Dann kommt es darauf an, ob es für die konkrete Entscheidung **sachliche Gründe** gibt, **oder** ob in Ermangelung sachlicher Gründe **Willkür** herrscht. Bei Willkür ist Art. 3 Abs. 1 GG eindeutig verletzt.

Teil 5: Grundlagen des öffentlichen Rechts

? Auf eine Beförderungsstelle im Beamtenbereich bewerben sich mehrere formal geeignete Personen.

! Durch eine wie auch immer geartete Entscheidung des Dienstherrn wird zwangsläufig der „Auserwählte" begünstigt. Dabei werden die anderen, leer ausgehenden Bewerber benachteiligt. Konkrete Unterschiede in der Qualifikation der Bewerber für die in Rede stehende Tätigkeit wären ein sachlicher Grund für die Auswahl. Wenn hingegen Unterschiede in der Schuhgröße, der Frisur, dem Kleidungsstil oder Ähnlichem den Ausschlag gegeben haben sollten, lässt sich darin schwerlich ein sachlicher Grund erkennen. Dann spräche vieles für Willkür.

Beachte, dass in diesem Fall ein spezielles Gleichheitsrecht einschlägig ist, nämlich Art. 33 Abs. 2 GG. Am Rande bemerkt: Man muss zumindest daran zweifeln, ob die „Bestenauslese" in der Praxis vernünftig funktioniert.

Aber wir wissen ja:

✖ In der Wirklichkeit ist die Realität ganz anders!

Wichtig ist noch der Grundsatz **„Keine Gleichheit im Unrecht"** (ebenfalls bereits beim „Emmely-Fall" angesprochen). Dahinter steckt der Gedanke, dass der **Gleichheitssatz nicht stärker** sein darf **als die Bindung an Recht und Gesetz** (vgl. Art. 20 Abs. 3 GG). Ein Beispiel:

? Glückspilz G ist von der Behörde rechtswidrig begünstigt worden. U versucht daraus Honig zu saugen: Er beruft sich auf den allgemeinen Gleichheitssatz des Art. 3 Abs. 1 GG und führt aus, dass sein Fall genauso liegt, wie der des G.

! Hier müsste die Behörde erneut rechtswidrig handeln, um den Gleichheitssatz zugunsten des U zu verwirklichen. Das ginge dann doch zu weit.

III. Staatsorganisationsrecht verstehen anhand zentraler Begriffe

Das Staatsorganisationsrecht beginnt mit **Art. 20 GG**, einer enorm wichtigen Regelung. Art. 20 GG ist **zusammen mit Art. 1 GG Ausdruck tragender Grundgedanken der Verfassung**. Staatsprinzipien (Demokratie, Rechtsstaat, Republik, Bundesstaat) spielen ebenso eine Rolle wie die im Vergleich zu den Prinzipien weniger verbindlichen Staatsziele (Sozialstaatlichkeit, Art. 20 Abs. 1 GG / Umweltschutz und Tierschutz, Art. 20 a GG). Im Staatsorganisationsrecht findet man zudem relativ detaillierte Regelungen zu den Staatsorganen (z.B. Bundestag, Art. 38 ff GG) und zum Gesetzgebungsverfahren (Art. 70 ff GG).

1. Die Staatsprinzipien und Staatsziele

Hier steht in erster Linie Art. 20 GG im Fokus, dessen Abs. 1 wir wegen seiner besonderen Bedeutung wiedergegeben:

Teil 5: Grundlagen des öffentlichen Rechts

✖ *Die Bundesrepublik Deutschland ist ein demokratischer und sozialer Bundesstaat. (Art. 20 Abs. 1 GG)*

Nun zu den einzelnen Staatsprinzipien (a. bis d.) und anschließend zu den Staatszielen (e. und f.).

a. Das Demokratieprinzip

Das Demokratieprinzip wird schon in Art. 20 Abs. 1 GG angesprochen (*demokratischer Bundesstaat*) und in Art. 20 Abs. 2 GG konkretisiert:

✖ *Alle Staatsgewalt geht vom Volke aus. Sie wird vom Volke in Wahlen und Abstimmungen und durch besondere Organe der Gesetzgebung, der vollziehenden Gewalt und der Rechtsprechung ausgeübt. (Art. 20 Abs. 2 GG)*

Damit sind die **Grundsäulen des Demokratieprinzips** angesprochen, nämlich die **Volkssouveränität** und das **Mehrheitsprinzip** (in der repräsentativen Demokratie vor allem über Wahlen verwirklicht). Als Kehrseite des Mehrheitsprinzips muss in der Demokratie zudem ein **effektiver Minderheitenschutz** gewährleistet sein.

❓ Inwiefern könnte der politisch und juristisch umstrittene „Euro-Rettungsschirm" gegen das Demokratieprinzip und damit gegen Art. 20 Abs. 1, Abs. 2 GG verstoßen?

❗ Der Bundestag könnte durch die völkerrechtlichen Verpflichtungen aus dem „Rettungsschirm" (ESM-Vertrag) die haushaltspolitische Gesamtverantwortung aus der Hand geben. Damit wäre über die unmittelbare Legitimationskette auch das Volk in seiner Souveränität „ausgebremst". Vor diesem Hintergrund kann man gut und gerne über einen Verstoß gegen das Demokratieprinzip nachdenken.

Das Demokratieprinzip ist gemäß Art. 79 Abs. 3 GG über die sogenannte Ewigkeitsgarantie gesichert.

b. Das Rechtsstaatsprinzip

Das **Rechtsstaatsprinzip** wird in Art. 20 GG nicht als solches erwähnt, ist aber als elementar bedeutsames Staatsprinzip anerkannt.

Das Rechtsstaatsprinzip wirkt sich unter vielen Gesichtspunkten aus, die man teilweise auch konkret im Grundgesetz findet.

Die wichtigsten Ausprägungen sind der **Grundsatz der Gewaltenteilung** (Art. 20 Abs. 2 S. 2 GG, vgl. auch Art. 1 Abs. 3 GG / siehe Seiten 186 f), die **Bindung an Recht und Gesetz** (Art. 20 Abs. 3 GG, Art. 1 Abs. 3 GG) und die **Gewährung effektiven Rechtsschutzes** (Art. 19 Abs. 4 GG).

Die Aspekte des Rechtsstaatsprinzips darf man nicht nur als hehre Grundsätze verstehen. Sie können durchaus auch in der konkreten Fallbearbeitung eine Rolle spielen.

Teil 5: Grundlagen des öffentlichen Rechts

c. Die Staatsform der Republik

Art. 20 Abs. 1 GG legt mit der Formulierung *Bundesrepublik* die Staatsform der Republik im **Gegensatz zur Monarchie** fest. Der Bundespräsident als Staatsoberhaupt wird gemäß Art. 54 GG auf Zeit gewählt. Das Amt behält er nicht etwa auf Lebenszeit. Erst recht kommt das Staatsoberhaupt nicht durch „Erbfolge" ins Amt. Die Staatsform der Republik hat sich bewährt und ist über Art. 79 Abs. 3 GG eine sichere Sache (sog. Ewigkeitsgarantie).

Das Republikprinzip wird bei uns aber ohnehin allenfalls von exotischen Spinnern infrage gestellt. Zum Glück kommen wir – anders als beispielsweise die Briten – heutzutage ganz gut ohne trutschige Monarchenszene aus.

d. Das Bundesstaatsprinzip

Die **Bundesrepublik Deutschland ist** – wie schon der Name sagt – ein **Bundesstaat**.

Im Grundgesetz wird u.a. aus Art 20 Abs. 1 GG i.V.m. Art. 28 Abs. 1 S. 1 GG deutlich, dass es nicht nur die *Bundesrepublik Deutschland* als *Bundesstaat* gibt, sondern auch *die Länder*. Der bereits mehrfach erwähnte Art. 79 Abs. 3 GG (sicher schon gelesen oder?!) hebt zudem die **Gliederung des Bundes in Länder** hervor.

Der **Bundesstaat** zeichnet sich dadurch aus, dass **auch die Länder Staatsqualität** haben.

Im **Gegensatz** dazu gibt es im **Einheitsstaat** allenfalls Bezirke oder Ähnliches, die aber selbst keine Staaten sind. So haben z.B. die Departements in Frankreich keine Eigenstaatlichkeit.

Der Bundesstaat unterscheidet sich vom bloßen **Staatenbund** dadurch, dass der Staatenbund selbst keine Staatsqualität hat.

Die Konstruktion des Bundesstaats bringt **zwischen dem Bund** einerseits **und den jeweiligen Ländern** andererseits bestimmte **Aufgabenverteilungen und Rechtsbeziehungen** mit sich, die im Einzelnen im Grundgesetz geregelt sind.

e. Das Sozialstaatsprinzip

Das **Sozialstaatsprinzip** ergibt sich zwar unmittelbar aus dem Grundgesetz (u.a. aus Art. 20 Abs. 1 GG: *sozialer Bundesstaat*), ist aber kein Staatsprinzip im engeren Sinne.

Allein aus dem Sozialstaatsprinzip folgen keine Ansprüche gegen den Staat. Dieses Prinzip ist **als Gestaltungsauftrag an den Gesetzgeber ein bloßes Staatsziel**.

Zusammen mit Grundrechten können sich aber aus dem Sozialstaatsprinzip sehr wohl **Ansprüche** ergeben.

? Mit Urteil vom 09.02.2010 hat das Bundesverfassungsgericht die (damaligen) Regelleistungen nach dem SGB II („Hartz IV") für nicht verfassungsgemäß erklärt (1 BvL 1/09, 1 BvL 3/09 und 1 BvL 4/09). Diese Leistungen seien zwar nicht evident unzureichend, ihre Bemessung sei aber nicht sachgerecht.

! Grundlage für die Entscheidung war der verfassungsrechtliche Anspruch auf Gewährleistung eines menschenwürdigen Existenzminimums, abgeleitet aus

Teil 5: Grundlagen des öffentlichen Rechts

Art. 1 Abs. 1 GG in Verbindung mit dem Sozialstaats-prinzip (Art. 20 Abs. 1 GG).

f. Der Umwelt- und Tierschutz

Der **Umweltschutz als Staatsziel** ist eine relativ neue Erscheinung. Seit dem Jahr 1994 steht der *Schutz der natürlichen Lebensgrundlagen* im Grundgesetz (Art. 20 a GG). Im Jahr 2002 ist der **Tierschutz** als weiteres Staatsziel hinzugekommen (ebenfalls Art. 20 a GG).

Diese Staatsziele sind **keine Grundrechte** und geben dem Einzelnen kein subjektiv-öffentliches Recht (also keinen Anspruch). Andererseits sollen sie aber auch nicht nur unverbindliche Programmsätze sein, sondern den Staat unmittelbar verpflichten.

Nun denn, derartige Staatsziele waren und sind umstritten. Sie werden – vereinfacht gesagt – als symbolische Gesetzgebung kritisiert, die gerade im Grundgesetz nichts zu suchen habe.

2. Die Staatsorgane

Wir stellen die sogenannten obersten Staatsorgane (Verfassungsorgane) kurz und konzentriert vor.

Dabei orientieren wir uns allerdings nicht an der Reihenfolge des Erscheinens im Grundgesetz (ab Art. 38 GG beginnend mit dem Bundestag), sondern haben pfiffigerweise den didaktisch besten Aufbau gewählt: Das Bundesverfassungsgericht, der Bundestag, der Bundesrat, die Bundesregierung und der Bundespräsident.

a. Das Bundesverfassungsgericht

Das **Bundesverfassungsgericht** ist Bestandteil der rechtsprechenden Gewalt (Art. 92 bis 94 GG), zugleich aber ein Verfassungsorgan (vgl. § 1 Abs. 1 des Bundesverfassungsgerichtsgesetzes, kurz BVerfGG).

Entscheidungen anderer Gerichte sind nur für den konkreten Streitfall bindend, selbst wenn es sich um Entscheidungen von Bundesgerichten wie dem Bundesgerichtshof (in Straf- und Zivilsachen) handelt. Die besondere Stellung des Bundesverfassungsgerichts als „Hüter der Verfassung" zeigt sich daran, dass seine **Entscheidungen über den Streitfall hinaus allgemeinverbindlich** sind (§ 31 BVerfGG: bis hin zu Gesetzeskraft nach § 31 Abs. 2 BVerfGG).

? § 142 Abs. 2 Nr. 2 StGB setzt voraus, dass sich ein Unfallbeteiligter *berechtigt oder entschuldigt* vom Unfallort entfernt hat. Aus kriminalpolitischen Gründen haben die Strafgerichte unter dem faktischen Einfluss der BGH-Rechtsprechung § 142 Abs. 2 Nr. 2 StGB über den Wortlaut hinaus so „ausgelegt", dass auch das unvorsätzliche Entfernen erfasst sein sollte. Das „Hineinlesen" einer ganz anderen, in § 142 Abs. 2 Nr. 2 StGB nicht enthaltenen Konstellation ist aber keine Auslegung mehr. Die Grenze des Wortsinns ist überschritten. Ein Verstoß gegen das Analogieverbot aus Art. 103 Abs. 2 GG liegt auf der Hand. Deshalb ist die Einbeziehung des unvorsätzlichen Entfernens in der Literatur fast einhellig als verfassungswidrig kritisiert worden. Diese Kritik hat aber die Strafrechtsprechung jahrzehntelang nicht beeindruckt. Und nun kam das Bundesverfassungsgericht ins Spiel:
Auf die Verfassungsbeschwerde eines wegen unvorsätzlichen Entfernens gemäß § 142 Abs. 2 Nr. 2 StGB

Verurteilten hin haben die „Hüter der Verfassung" mit Entscheidung vom 19.03.2007 (2 BVR 2273/06) die Rechtsprechung der Strafgerichte als Verstoß gegen Art. 103 Abs. 2 GG angesehen und die Verurteilung aufgehoben.

Im Fall des Beschwerdeführers ging es um die Verurteilung des Amtsgerichts nach erfolgloser Sprungrevision zum Oberlandesgericht.

! Über den konkreten Fall hinaus bindet eine solche Entscheidung alle Gerichte (§ 31 Abs. 1 BVerfGG). Die Strafgerichte dürfen jetzt allgemein nicht mehr an der alten, verfassungswidrigen Auslegung festhalten.

Das Bundesverfassungsgericht besteht aus zwei Senaten mit jeweils acht Richtern. Die Frauen und Männer in den roten Roben und den farblich darauf abgestimmten eleganten Kopfbedeckungen mischen sich nie aus eigenem Antrieb ein. Das Verfassungsgericht **entscheidet** nämlich **nur auf Antrag**. Es muss sich dafür um **eine der im Grundgesetz genannten Verfahrensarten** handeln (Art. 93 Abs. 1 Nr. 1 bis Nr. 4 b und Nr. 5 GG).

Die sowohl praktisch als auch in der Ausbildung herausragend wichtige **Verfassungsbeschwerde** (Art. 93 Abs. 1 Nr. 4 a GG) haben wir schon beim „Sonnenstudio-Fall" kennengelernt (Seiten 189 ff).

Neben der Verfassungsbeschwerde gibt es natürlich noch andere wichtige Verfahrensarten, die insbesondere das Staatsorganisationsrecht betreffen.

Dazu ein Beispiel:

? Wie kann man den Bundespräsidenten rechtlich dazu zwingen, ein Gesetz auszufertigen, wenn er dies in Überschreitung seiner Kompetenz verweigert? Welcher Weg zum Bundesverfassungsgericht ist dafür gangbar?

! Wenn man den Katalog des Art. 93 Abs. 1 GG liest, könnte man auf den ersten Blick an die sogenannte **abstrakte Normenkontrolle** gemäß Art. 93 Abs. 1 Nr. 2 GG denken. Das kann aber nicht der richtige Ansatz sein, weil noch gar kein Gesetz (*Bundesrecht*) in Kraft getreten ist, das kontrolliert werden könnte. Der Bundespräsident stellt sich vielmehr im Gesetzgebungsverfahren quer und verhindert so die Existenz eines Gesetzes.

Dieses unbequeme Verhalten des Staatsoberhaupts legt auf den zweiten Blick eine sogenannte **Präsidentenanklage** nahe. Sie steht nicht in Art. 93 Abs. 1 GG, sondern in Art. 61 Abs. 1 S. 1 GG (vgl. Art. 93 Abs. 1 Nr. 5 GG). Die Präsidentenanklage kann es aber bei dem Streit um die Prüfungskompetenz nicht sein, weil sie nur vorsätzliche Gesetzesverletzungen erfasst. Von Vorsatz könnte die Rede sein, wenn sich der Präsident bewusst gegen die bindende Rechtsprechung des Bundesverfassungsgerichts stellt. Bei bloßen Meinungsverschiedenheiten zur Frage der Prüfungskompetenz handelt der Bundespräsident keinesfalls vorsätzlich.

Was bleibt dann noch? Das **Organstreitverfahren** gemäß Art. 93 Abs. 1 Nr. 1 GG und §§ 13 Nr. 5, 63 ff BVerfGG ist der richtige Weg.

Teil 5: Grundlagen des öffentlichen Rechts

Aus dem Katalog des Art. 93 Abs. 1 GG ist weiterhin der vergleichsweise wichtige **Bund-Länder-Streit** zu erwähnen (Art. 93 Abs. 1 Nr. 3 GG).

Schließlich sollte auch der Anfänger zumindest einmal davon gehört haben, dass es **neben der fallunabhängigen abstrakten Normenkontrolle** (Art. 93 Abs. 1 Nr. 2 GG) **die konkrete Normenkontrolle aus Anlass eines bestimmten Rechtstreits** gibt (Art. 100 Abs. 1 GG).

b. Der Bundestag

Der **Bundestag** (Art. 38 ff GG) wird alle vier Jahre vom Volk gewählt, ist also **unmittelbar demokratisch legitimiert**.

Unser Wahlrecht sieht eine **personalisierte Verhältniswahl** vor (Art. 38 Abs. 3 GG verweist auf das Bundeswahlgesetz).

Bei der **Mehrheitswahl** zieht der erfolgreichste Kandidat im jeweiligen Wahlkreis ins Parlament ein.

Bei der **Verhältniswahl** kommt es auf den Listenplatz des Kandidaten an.

Die personalisierte Verhältniswahl ist eine **Mischung aus Mehrheitswahl und Verhältniswahl** (Erststimme und Zweitstimme).

Der Bundestag ist **hauptsächlich** mit der **Gesetzgebung** befasst (Legislative), wählt aber auch andere Verfassungsorgane, allen voran den Bundeskanzler (Art. 63 Abs. 1 GG). Eine solche Wahl ist Teil der sogenannten **Kreationsfunktion** des Bundestages. Wichtig ist darüber hinaus eine **Kontrollfunktion** des Parlaments, wie sie z.B. in Untersuchungsausschüssen ausgeübt wird (Art. 44 Abs. 1 S. 1 GG).

c. Der Bundesrat

Durch den Bundesrat kommen die **Länder** zu Mitwirkungsrechten. Der **Bundesrat** ist an der Gesetzgebung **beteiligt**. Er ist aber von der Funktion und von den Befugnissen her **keine selbstständige Gesetzgebungskammer**. Die Mitwirkung des Bundesrats betrifft nach Art. 50 GG die Gesetzgebung und Verwaltung des Bundes sowie die Angelegenheiten der Europäischen Union.

Die 16 Bundesländer haben jeweils eine **Landesregierung**. Aus jeder Landesregierung werden **Mitglieder in den Bundesrat entsandt**. Wie viele Stimmen ein Land im Bundesrat hat, hängt von der Einwohnerzahl ab. Bei den Abstimmungen können die Stimmen pro Land nur einheitlich abgegeben werden (vgl. zum Ganzen Art. 51 GG).

Je deutlicher die Mehrheitsverhältnisse im Bundesrat politisch von denjenigen im Bundestag abweichen, desto wirkmächtiger ist der Bundesrat. Der Bundesrat kann dann bestimmte Gesetzesvorhaben der Bundesregierung blockieren (siehe zum Gesetzgebungsverfahren näher unten Seiten 213 ff).

d. Die Bundesregierung

Das Wichtigste zur **Bundesregierung** – auch Bundeskabinett genannt – steht kompakt und gut verständlich in **Art. 65 GG**.

Die **politische Führung** ist Sache der Bundesregierung.

Dabei soll der Bundeskanzler (oder die Bundeskanzlerin, gewählt vom Bundestag, Art. 63 GG) den allgemeinen Kurs vorgeben (Art. 65 S. 1 GG, sog. **Richtlinienkompetenz**).

Teil 5: Grundlagen des öffentlichen Rechts

In diesem vom Bundeskanzler vorgegebenen Rahmen sollen die Minister selbstständig und eigenverantwortlich agieren (Art. 65 S. 2 GG, sog. **Ressortprinzip**).

Bei Meinungsverschiedenheiten zwischen den Ministern soll die Bundesregierung als Kollegialorgan entscheiden (Art. 65 S. 3 GG, sog. **Kollegial- oder Kabinettsprinzip**).

e. Der Bundespräsident

Der **Bundespräsident** ist das **Staatsoberhaupt** der Bundesrepublik Deutschland. Seine politische Bedeutung ist gering und im Wesentlichen auf bestimmte Notmaßnahmen in besonderen Krisensituationen beschränkt (vgl. Art. 81 Abs. 1 GG).

Der Bundespräsident wird **durch die Bundesversammlung für die Dauer von fünf Jahren gewählt** (Art. 54 GG). Hinter die Dauer der Amtszeit von fünf Jahren möchte man allerdings heutzutage ein dickes Fragezeichen setzen. In der jüngeren Vergangenheit sind bekanntlich gleich zwei Bundespräsidenten aus unterschiedlichen Gründen zurückgetreten. Das Ganze hatte vor allem im Fall Wulff schon abenteuerliche Züge (bis hin zum Stichwort „Ehrensold"). Es ist nicht Sache dieses Buchs, weiter auf solche Kapriolen einzugehen.

Uns kommt es hier nur darauf an, dass auch derartige **politische Diskussionen ein gutes Motiv** sein können, sich etwas näher mit dem Staatsorganisationsrecht zu befassen. Man wird dadurch jedenfalls nicht dümmer, in diesem Rechtsgebiet schwingt immer **politische Allgemeinbildung** mit.

Die wichtigsten **Alltagsfunktionen des Bundespräsidenten** sind die **Repräsentation** und die **Integration**. Er vertritt den Staat nach innen und außen. Der Präsident soll möglichst ausgleichend wirken. Bei politisch umstrittenen Themen soll er einen gewissen einheitlichen staatlichen Willen als Ergebnis eines demokratischen Entscheidungsprozesses deutlich machen.

In diesem Licht ist auch die Aufgabe als „Staatsnotar" zu sehen, nämlich die **Ausfertigung der** *nach den Vorschriften dieses Grundgesetzes zustande gekommenen* **Gesetze** gemäß Art. 82 Abs. 1 S. 1 GG.

Anerkanntermaßen hat der Bundespräsident bei der Ausfertigung von Gesetzen **kein politisches Prüfungsrecht**. Er darf also die Ausfertigung nicht von seinen politischen Vorstellungen abhängig machen. Die Durchsetzung seiner politischen Ansichten steht dem Bundespräsidenten von der Funktionsverteilung des Grundgesetzes her nicht zu. Die politische Staatsleitung liegt vielmehr beim Parlament und bei der Bundesregierung.

Andererseits darf der Bundespräsident jedenfalls dann die Ausfertigung gemäß Art. 82 Abs. 1 S. 1 GG verweigern, wenn das Gesetz vom bisherigen Verfahren her nicht ordnungsgemäß zustande gekommen ist. Dem Bundespräsidenten steht also **jedenfalls ein formelles Prüfungsrecht** zu.

Traditionell umstritten ist dagegen die Frage, **ob und gegebenenfalls inwieweit** ihm über das formelle Prüfungsrecht hinaus ein **materielles Prüfungsrecht** zusteht.

Zur klassischen **Frage nach dem materiellen Prüfungsrecht** des Bundespräsidenten gibt es **zwei kategorische Auffassungen** und **eine vermittelnde Ansicht:**

1. Man kann das Prüfungsrecht auf die formellen Gesichtspunkte beschränken (Verfahrensfragen in der Gesetzge-

bung). Damit spricht man dem Bundespräsidenten jegliche inhaltliche (materielle) Prüfungskompetenz ab.

2. Man kann dem Bundespräsidenten ein umfassendes materielles Prüfungsrecht zubilligen.

3. Man kann die Kompetenz im Grundsatz auf ein formelles Prüfungsrecht beschränken, ein materielles Prüfungsrecht aber ausnahmsweise zulassen. Nach dieser vermittelnden Ansicht besteht das materielle Prüfungsrecht bei auf der Hand liegender (evidenter) Verfassungswidrigkeit eines Gesetzes.

Die vermittelnde Ansicht (soeben 3.) kommt also nur bei evidenter Verfassungswidrigkeit zum materiellen Prüfungsrecht:

? Der Bundestag wollte im Jahr 2006 per Gesetz die Flugsicherung privatisieren (vereinfacht gesagt). Der damalige Bundespräsident Köhler lehnte seinerzeit die Ausfertigung unter Berufung auf Art. 87 d Abs. 1 S. 1 GG ab.

! Das (geplante) Flugsicherungsgesetz war ein evidenter Verfassungsverstoß. Art. 87 d Abs. 1 S. 1 GG ist nämlich klar und deutlich: *Die Luftverkehrsverwaltung wird in Bundesverwaltung geführt.*

So viel zu den Staatorganen mit ihren unterschiedlichen Funktionen. Schauen wir uns jetzt die Gesetzgebung näher an ...

3. Die Gesetzgebung

Gesetze haben wir bereits ganz am Anfang des Buchs als Hauptquelle des objektiven Rechts kennengelernt.

Dabei sind wir immer davon ausgegangen, dass es Gesetze gibt und haben uns mit deren Anwendung befasst (Rechtsanwendung).

Nun fällt der Blick auf die **Gesetzgebung: Wer** darf in diesem oder jenem Bereich ein Gesetz erlassen (Gesetzgebungskompetenz) und **wie** muss das geschehen (Gesetzgebungsverfahren)?

a. Die Gesetzgebungskompetenz

Das Recht der Gesetzgebung steht nach Art. 70 Abs. 1 GG vom Grundsatz her den Ländern zu, strukturell nur ausnahmsweise dem Bund.

Bei der ausschließlichen Gesetzgebung hat allerdings **allein der Bund den Hut auf (Art. 71 GG)**. Die Bereiche der ausschließlichen Gesetzgebung sind überwiegend in **Art. 73 GG** geregelt.

? Wer hat die Gesetzgebungskompetenz zum Ein- oder Ausstieg aus der Kernenergie (aktuelles Stichwort „Energiewende")?

! Die Antwort liefert Art. 73 Abs. 1 Nr. 14 GG. Es handelt sich um eine ausschließliche Gesetzgebung des Bundes. In Art. 73 Abs. 1 Nr. 14 GG geht es nicht etwa nur um das „Wie" der sogenannten friedlichen Nutzung der Kernenergie (mit allem, was dazugehört), sondern auch um das „Ob".

Im Gegensatz zur ausschließlichen Gesetzgebung des Bundes können **im Bereich der konkurrierenden Gesetzgebung die Länder Gesetze schaffen, solange und soweit der Bund nicht von seiner Befugnis Gebrauch gemacht hat**. Das steht in **Art. 72 Abs. 1 GG** und ist im Zusammenspiel mit der **Aufzählung der Bereiche in Art. 74 GG** im Prinzip recht einfach. Der Bund hat den Vorrang vor den Ländern. Die Länder dürfen die Lücken füllen, die der Bund gelassen hat. Das sind aber nicht mehr sonderlich viele.

Die Sache wird etwas unübersichtlicher, wenn man die Absätze 2 und 3 des Art. 72 GG mitberücksichtigt. Der Vollständigkeit halber kommen wir aber daran nicht vorbei:

Art. 72 Abs. 2 GG macht die **Gesetzgebungskompetenz des Bundes in bestimmten Sachgebieten von einer Bedingung abhängig** (z.B. im Lebensmittelrecht, Art. 74 Nr. 20 GG). Dort muss nämlich eine bundesgesetzliche Regelung in einem bestimmten Sinne erforderlich sein (sog. Erforderlichkeitsklausel). In Betracht kommt die **Erforderlichkeit zur Herstellung gleichwertiger Lebensverhältnisse im Bundesgebiet**, die **Erforderlichkeit zur Wahrung der Rechts- und Wirtschaftseinheit** oder die **Erforderlichkeit im gesamtstaatlichen Interesse**.

Art. 72 Abs. 3 GG ist eine relativ neue, zusätzliche Variante. Diese sogenannte **Abweichungskompetenz der Länder** ist mit der Föderalismusreform im Jahr 2006 eingeführt worden. Art. 72 Abs. 3 GG gibt den Ländern für bestimmte Bereiche dann doch wieder eine Kompetenz für abweichende Regelungen, auch wenn der Bund von seiner im Grundsatz vorrangigen Gesetzgebungszuständigkeit Gebrauch gemacht hat.

 Warum einfach, wenn es auch kompliziert geht?

b. Das Gesetzgebungsverfahren

Das Gesetzesvorhaben durchläuft der Reihe nach das **Einleitungsverfahren** (auch Gesetzesinitiative genannt, Art. 76 GG), das **Hauptverfahren** (auch Beschlussverfahren genannt, Art. 77 GG) und das **Abschlussverfahren** (Art. 82 GG).

Wegen der höchst unterschiedlichen **Mitwirkungsrechte des Bundesrats** muss grundlegend unterschieden werden, ob das jeweilige Vorhaben ein **Einspruchsgesetz** oder ein **Zustimmungsgesetz** betrifft. Nur Zustimmungsgesetze kann der Bundesrat endgültig verhindern (Art. 77 Abs. 2 a GG). Bei Einspruchsgesetzen kann er die Entstehung im Ergebnis nur verzögern (Art. 77 Abs. 3 und Abs. 4, Art. 78 GG).

Vom Prinzip her ist die Unterscheidung einfach: Das **Einspruchsgesetz** ist der **Regelfall, Zustimmungsgesetze müssen als solche bezeichnet sein.** Passagen wie *Gesetz mit Zustimmung des Bundesrates* oder *bedürfen der Zustimmung des Bundesrates* sind über das ganze Grundgesetz verstreut (drei Beispiele von vielen: Art. 23 Abs. 1 S. 2 GG, Art. 85 Abs. 2 S. 1 GG, Art. 104 a Abs. 4 GG).

Die bereits angesprochene Frage nach der (materiellen) Prüfungskompetenz des Bundespräsidenten ist ein echter Klassiker (siehe dazu näher Seiten 209 ff). Hierbei dreht es sich wie gesehen um Art. 82 Abs. 1 S. 1 GG und damit um das **Abschlussverfahren.**

B. Verwaltungsrecht verstehen anhand zentraler Begriffe

Böse Zungen sagen, dass es im **Verwaltungsrecht** letztlich immer auf allgegenwärtige Standardargumente hinauslaufe, die sogenannten Bettermann'schen Sätze:

 Die Bettermann'schen Sätze:
1. Da könnte ja jeder kommen!
2. Wo kämen wir denn da hin?
3. Das haben wir schon immer so gemacht
   (wahlweise ... noch nie so gemacht)!

Das klingt einigermaßen lustig, aber ganz so einfach ist es dann doch nicht.

Wir beschränken uns hier **weitgehend** auf das **allgemeine Verwaltungsrecht. Das besondere Verwaltungsrecht ist eine bunte Wiese für sich**. Es beinhaltet – um nur einige Gebiete zu nennen – das Polizei- und Ordnungsrecht, das Gewerberecht, das Kommunalrecht, das Versammlungsrecht, das öffentliche Bauplanungs- und Bauordnungsrecht. Die Liste ließe sich umfangreich fortsetzen. Unter dem Dach des besonderen Verwaltungsrechts wohnen sehr viele Rechtsgebiete. Sie sind so vielfältig, dass eine auch nur halbwegs um Vollständigkeit bemühte Darstellung des besonderen Verwaltungsrechts weit über das Konzept dieses Basisbuchs hinausginge.

Die gute Nachricht: Wir stellen systematisch und didaktisch sinnvoll eine Art **kleines Einmaleins des Verwaltungsrechts** dar. Das ist schon mehr als die halbe Miete!

B. Verwaltungsrecht verstehen anhand zentraler Begriffe
I. Der Verwaltungsakt
    1. Begriff und Charakter des Verwaltungsakts

I. Der Verwaltungsakt

Der **Verwaltungsakt** (häufig kurz VA genannt) ist das praktisch häufigste und wichtigste Regelungsinstrument der öffentlichen Verwaltung.

1. Begriff und Charakter des Verwaltungsakts

Was macht den Verwaltungsakt gemäß § 35 VwVfG (Verwaltungsverfahrensgesetz) aus? Eine **Behörde trifft durch einseitiges Handeln eine verbindliche Entscheidung, sie regelt etwas**. Im Privatrecht kann der Einzelne grundsätzlich frei entscheiden, ob er sich mit einer entsprechenden Willenserklärung beispielsweise auf einen Vertragsschluss einlässt oder nicht. Beim Verwaltungsakt hängt hingegen die Wirksamkeit naturgemäß nicht von der Zustimmung des Adressaten ab. Der Verwaltungsakt ist eine **hoheitliche Bewirkungserklärung**. Dieser etwas sperrige Begriff (Bewirkungserklärung) verdeutlicht den Unterschied zur (zivilrechtlichen) Willenserklärung. Im Verwaltungsrecht begegnen sich Behörde und Bürger nun einmal grundsätzlich nicht auf gleicher Augenhöhe.

Verwaltungsakte sind **typischerweise** (nicht immer) **konkret-individuell**. Sie regeln einen konkreten Einzelfall gegenüber einer bestimmten Person (dazu gleich mehr).

Je nach Wirkung auf den Adressaten unterscheidet man **begünstigende Verwaltungsakte** und **belastende Verwaltungsakte**.

? Stellen wir uns einerseits einen Leistungsbescheid vor (z.B. Geldleistung), andererseits einen Abrissbescheid (ein Gebäude muss abgerissen werden).

215

Teil 5: Grundlagen des öffentlichen Rechts

! Der Leistungsbescheid ist begünstigend, er begründet für den Adressaten einen Vorteil. Der Abrissbescheid hingegen belastet den Adressaten.

In der Praxis spielen häufig **Nebenbestimmungen** zu Verwaltungsakten eine Rolle (§ 36 VwVfG).

? Wegen Straßenbauarbeiten wird von der Straßenverkehrsbehörde eine Ausnahmeparkgenehmigung erteilt (vgl. § 46 Abs. 1 StVO), mit Blick auf den voraussichtlichen Abschluss der Arbeiten aber nur bis zum Ende des Jahres.

! Eine solche Nebenbestimmung (Befristung nach § 36 Abs. 2 Nr. 1 VwVfG) ist kein eigener Verwaltungsakt.

Im Gegensatz dazu:

? Die beantragte Gaststättengenehmigung wird unter der Auflage erteilt, dass der Notausgang stets frei zugänglich gehalten wird.

! Eine solche Nebenbestimmung (Auflage nach § 36 Abs. 2 Nr. 4 VwVfG) ist als eigener Verwaltungsakt anfechtbar.

2. Abgrenzung

Der **Verwaltungsakt** wird auf unterschiedlichen Ebenen von anderen Erscheinungen und Handlungsformen abgegrenzt.

a. Rechtsvorschriften (abstrakt-generell)

Rechtsvorschriften (insbesondere gesetzliche Normen) sind **abstrakt-generelle Regelungen.** Sie betreffen in der Sache immer eine allgemein umschriebene Konstellation und nie einen konkreten Lebenssachverhalt. Deshalb bezeichnet man Rechtsvorschriften als abstrakt. Normen richten sich zudem immer an die Allgemeinheit (an jedermann) und nicht an bestimmte Personen oder einen bestimmten Personenkreis. Deshalb bezeichnet man sie als generell.

Ein Beispiel:

? *Ein Verwaltungsakt ist nichtig, soweit er an einem besonders schwerwiegenden Fehler leidet und dies bei verständiger Würdigung aller in Betracht kommenden Umstände offensichtlich ist. (§ 44 Abs. 1 VwVfG)*

! Die Tatbestandsmerkmale (hier allen voran der *besonders schwerwiegende Fehler*) sind allgemeine Umschreibungen (abstrakt). Es wird kein bestimmter Personenkreis angesprochen (generell).

Verwaltungsakte sind typischerweise in beiden Kategorien das Gegenteil von Rechtsnormen. Sie sind **nie abstrakt-generell,** sondern **meist konkret-individuell.**

Teil 5: Grundlagen des öffentlichen Rechts

? A wird von einer Behörde per Bescheid verpflichtet, ein einsturzgefährdetes Gebäude auf seinem Grundstück kontrolliert abzureißen.

! Der Bescheid (Verwaltungsakt gemäß § 35 Abs. 1 S. 1 VwVfG) regelt einen konkreten Lebenssachverhalt (Einzelfall) und richtet sich an einen individuellen Adressaten, nämlich an A (konkret-individuell).

Ausnahmsweise kann ein **Verwaltungsakt abstrakt-individuelle Regelungen** enthalten.

? Immer wenn der Wasserstand des Rheins an einer bestimmten Stelle über einen bestimmten Pegel steigt, hat der Uferanwohner U zum Schutz der Allgemeinheit Spundwände einzusetzen.

! Das ist kein Einzelfall im engeren Sinne, fällt aber noch unter § 35 Abs. 1 S. 1 VwVfG, weil es als sogenannte kumulative Einzelfallregelung durchgeht.

Schließlich gibt es im Bereich der Verwaltungsakte noch die **Variante der konkret-generellen Regelung.** Das nennt man dann **Allgemeinverfügung** (§ 35 Abs. 1 S. 2 VwVfG).

? An der Straße steht ein regelndes Verkehrszeichen, z.B. ein Halteverbot-Schild (Zeichen 283 der Anlage 2 zu

§ 41 Abs. 1 der Straßenverkehrsordnung, StVO / Vorschriftszeichen).

! Das ist eine Allgemeinverfügung mit Dauerwirkung, eine den Gemeingebrauch betreffende Benutzungsregelung. Das Schild betrifft einen örtlich und situativ eng definierten Lebenssachverhalt (konkrete Regelung) und richtet sich an eine theoretisch beliebig große Zahl von Personen (insofern generell).

b. Der öffentlich-rechtliche Vertrag (zweiseitig)

Der öffentlich-rechtliche Vertrag (§§ 54 ff VwVfG) ist **im Gegensatz zum Verwaltungsakt zweiseitig**.

? Die Beteiligten einigen sich gemäß § 110 BauGB über eine Enteignung, insbesondere über die im Zusammenhang damit zu leistende Entschädigung.

! Dies ist ein öffentlich-rechtlicher Vertrag im Sinne der §§ 54 ff VwVfG.

Im Großen und Ganzen ist die praktische Bedeutung von öffentlich-rechtlichen Verträgen eher gering.

Dementsprechend hält sich auch deren Ausbildungs- und Prüfungsrelevanz in Grenzen.

c. Der Realakt (keine Regelung)

Sogenannte **Realakte** der Behörden werden auch **schlicht hoheitliches Handeln** genannt. Anders als durch Verwaltungsakte wird durch Realakte **keine Rechtsfolge herbeigeführt**. Es wird nichts geregelt.

? Der Leiter des Gesundheitsamts äußert im Lokalfernsehen, dass sich vor allem ältere Menschen auch in diesem Jahr wieder rechtzeitig gegen Grippe impfen lassen sollten.

! Hier wird nichts geregelt, es soll keine Rechtsfolge herbeigeführt werden. Die Äußerung ist schlicht hoheitliches Handeln, ein bloßer Realakt.

3. Die Aufhebung von Verwaltungsakten

Verwaltungsakte können von der Behörde unter bestimmten Umständen wieder aus der Welt geschafft werden. Für die **Aufhebung von begünstigenden Verwaltungsakten** gelten viel **strengere Voraussetzungen als für die Aufhebung von belastenden Verwaltungsakten**. Das leuchtet ein, weil der Bürger auf den begünstigenden Verwaltungsakt vertraut.

Bei rechtswidrigen Verwaltungsakten spricht man von **Rücknahme** (§ 48 VwVfG). **Bei rechtmäßigen Verwaltungsakten** nennt man das Ganze **Widerruf** und es gelten wie gesagt andere Maßstäbe (§ 49 VwVfG).

II. Klagearten / Widerspruchsverfahren / Vorläufiger Rechtsschutz

Das mehrfach erwähnte charakteristische Über- und Unterordnungsverhältnis kann im Rechtsstaat natürlich nicht bedeuten, dass man als Bürger alles hinzunehmen hätte, was einem von den Behörden aufgedrückt wird. Dem Bürger steht vielmehr der **Rechtsweg** offen (Art. 19 Abs. 4 GG). **Im** (allgemeinen) **Verwaltungsrecht** wird dieser Rechtsweg durch die Vorschriften der **Verwaltungsgerichtsordnung** (VwGO) geregelt.

Wer einen belastenden Verwaltungsakt aus der Welt schaffen will, tut dies grundsätzlich mit einem **Widerspruch** im sog. Vorverfahren und erforderlichenfalls mit einer anschließenden **Anfechtungsklage** (§§ 68 ff, 42 VwGO).

Wer einen begünstigenden Verwaltungsakt erwirken will, muss nach Ablehnung durch die Behörde grundsätzlich ebenfalls erst einmal **Widerspruch** einlegen (Vorverfahren) und sich dann erforderlichenfalls mit der **Verpflichtungsklage** an ein Verwaltungsgericht wenden (§§ 42, 68 Abs. 2 VwGO).

Achtung: Durch Bundes- und Landesregelungen gibt es eine Vielzahl von Ausnahmekonstellationen, in denen kein Vorverfahren erforderlich ist (siehe z.B. § 70 VwVfG).

Über die Klagearten des § 42 VwGO hinaus gibt es im Wesentlichen die **allgemeine Leistungsklage** (vgl. §§ 43 Abs. 2, 111, 113 Abs. 4 VwGO), die verwaltungsrechtliche **Feststellungsklage** (§ 43 VwGO) und die sogenannte **Fortsetzungsfeststellungsklage** (§ 113 Abs. 1 S. 4 VwGO).

Bedeutsam sind auch die **Möglichkeiten des vorläufigen Rechtsschutzes**. Hier sind insbesondere § 80 Abs. 5 VwGO und § 123 Abs. 1 VwGO zu nennen.

Teil 5: Grundlagen des öffentlichen Rechts

Im Zusammenhang mit der **Anfechtung eines belastenden Verwaltungsakts** zielt der vorläufige Rechtsschutz auf die **Anordnung oder Wiederherstellung der aufschiebenden Wirkung eines Widerspruchs** (§ 80 Abs. 5 VwGO, vgl. auch § 80 a VwGO).

Außerhalb des Anwendungsbereichs von § 80 Abs. 5 VwGO ist der **Erlass einer einstweiligen Anordnung gemäß § 123 Abs. 1 VwGO** das richtige Ziel des vorläufigen Rechtsschutzes.

Ein Beispiel jenseits des § 80 Abs. 5 VwGO:

? Konstellation der Verpflichtungsklage: Im Ergebnis soll ein begünstigender Verwaltungsakt herbeigeführt werden. Auf welchem Weg kann vorläufiger Rechtsschutz erreicht werden?

! Hier passt § 80 Abs. 5 VwGO nicht. Es geht nicht darum, mit einem Widerspruch gegen einen belastenden Verwaltungsakt den Fuß in die Tür zu bekommen. Vielmehr will man etwas Begünstigendes. Dafür ist in Eilfällen § 123 VwGO vorgesehen.

Weitere Einzelheiten rund um die Klagearten und die sonstigen Rechtsschutzmöglichkeiten sind für fortgeschrittene Jura-Studenten durchaus relevant, gingen aber über das Konzept dieses Basisbuchs hinaus.

Es geht uns auch an dieser Stelle in erster Linie um das besonders wichtige Grundverständnis.

III. Gebundene Verwaltung

Im **Bereich der sogenannten gebundenen Verwaltung** hat der Bürger auch im öffentlichen Recht einen Anspruch auf die entsprechende Leistung, ein **subjektiv-öffentliches Recht.** Hier besteht kein Ermessen. Der Gegenbegriff zur gebundenen Verwaltung ist die Ermessenverwaltung.

> ✖ § 19 Abs. 1 S. 1 SGB XII: Bedürftigen Personen ... *ist Hilfe zum Lebensunterhalt zu leisten ...*
> Die Behörde hat hier keinen Handlungsspielraum (nicht etwa „... kann gewährt werden ...").

Zur gebundenen Verwaltung gehören auch Soll-Bestimmungen mit **Formulierungen** wie *soll* oder *hat in der Regel* oder auch *ist grundsätzlich.*

> ✖ § 15 Abs. 1 S. 1 SGB XII: *Die Sozialhilfe soll vorbeugend geleistet werden, wenn dadurch eine drohende Notlage ganz oder teilweise abgewendet werden kann.*

Im Gegensatz zu den uneingeschränkt zwingenden Muss-Bestimmungen (s.o. / z.B. § 19 Abs. 1 S. 1 SGB XII) sind bei Soll-Bestimmungen Abweichungen möglich. Dafür müssen aber besondere, nach dem Zweck der Vorschrift atypische Umstände vorliegen. Die Betonung liegt hier auf „nach dem Zweck der Vorschrift".

Insbesondere Finanzknappheit ist also kein Umstand, der Leistungen entgegenstehen könnte. Der „Einwand der leeren Taschen" hat nichts mit dem Zweck der Vorschrift zu tun.

Teil 5: Grundlagen des öffentlichen Rechts

IV. Ermessensverwaltung

1. Natur des Ermessens

Das **Ermessen** spielt sich **immer auf der Rechtsfolgenseite** ab. Wenn im Verwaltungsrecht der Tatbestand einer Norm erfüllt ist, zwingt das die Verwaltung oft nicht zu einer Rechtsfolge, sondern führt „nur" zur Ermessensausübung (vgl. § 40 VwVfG).

Dies kommt in **Gesetzesformulierungen wie *kann* oder *darf*** zum Ausdruck. Die Verwaltung hat einen **Handlungsspielraum**, der aber **nicht beliebig** genutzt werden darf. Das Ermessen muss vielmehr **pflichtgemäß** ausgeübt werden.

Bei der Ermessensausübung ist der **Verhältnismäßigkeitsgrundsatz** zu beachten (siehe dazu näher unten Seiten 225 f / Prüfung der Verhältnismäßigkeit auch schon oben beim „Sonnenstudio-Fall", Seiten 189 ff, 191)

Kein Ermessen, sondern ein „Zwang zur Rechtsfolge" besteht hingegen in dem unmittelbar zuvor angesprochenen Bereich der **gebundenen Verwaltung** (typischerweise bei Muss-Bestimmungen wie etwa § 19 Abs. 1 S. 1 SGB XII, siehe Seite 223).

Es liegt in der Natur der **Ermessensverwaltung**, dass es **grundsätzlich mehrere rechtmäßige Möglichkeiten** gibt. Anders als im Sektor der gebundenen Verwaltung herrscht also kein „Zwang zur Rechtsfolge".

Von diesem Grundsatz gibt es Ausnahmen, wenn sich in besonderen Fällen das **Ermessen auf null reduziert**. Dann besteht auch ein Anspruch auf entsprechende Maßnahmen der Behörde. Ein solches subjektiv-öffentliches Recht (im Ergebnis wie bei der gebundenen Verwaltung / s.o.) ist aber wie gesagt in der Ermessensverwaltung die große Ausnahme:

? In glücklicherweise seltenen Fällen kann man eine besondere Gefahr (insbesondere Lebensgefahr) nicht anders abwenden, als Kinder oder Jugendliche unter Freiheitsentzug in Obhut zu nehmen (also vorübergehend einzusperren).

! In einem solchen Fall besteht kein Handlungsspielraum der Behörde mehr, das Ermessen ist auf null reduziert. Das Jugendamt muss angesichts einer großen Gefahr für besondere Rechtsgüter zu drastischen Maßnahmen greifen (vgl. § 42 Abs. 1 Nr. 2 und Abs. 5 S. 1 SGB VIII). Eine Haltung nach dem Motto „Das lassen wir mal lieber" verbietet sich in derartigen Sonderfällen.

Ein häufiger Fehler besteht darin, dass begrifflich und methodisch nicht sauber zwischen Ermessen und **Beurteilungsspielraum** unterschieden wird. In einigen Bereichen (insbesondere bei Prüfungsentscheidungen und dienstlichen Beurteilungen von Beamten) steht den Behörden ein Beurteilungsspielraum zu. Dieser ist aber – wie die Auslegung unbestimmter Rechtsbegriffe – **im Gegensatz zum Ermessen auf der Tatbestandsseite** angesiedelt. Noch einmal: Das **Ermessen** ist **immer Rechtsfolge** einer Norm (siehe vertiefend zu diesem wichtigen Unterschied weiter unten, Seiten 231 f).

2. Verhältnismäßigkeit

Die Verhältnismäßigkeit einer Maßnahme wird üblicherweise in drei Schritten geprüft, nämlich **Geeignetheit, Erforderlichkeit und Angemessenheit.**

Teil 5: Grundlagen des öffentlichen Rechts

Eine Maßnahme ist **geeignet**, wenn der erstrebte Zweck durch sie erreicht werden kann. Das wird in aller Regel der Fall sein.

Von mehreren gleich geeigneten Mitteln muss die Behörde das für den Adressaten und für die Allgemeinheit mildeste Mittel wählen. Nur dieses ist **erforderlich**.

Schließlich muss das Mittel **angemessen** sein. Der Nachteil für den Adressaten darf nicht außer Verhältnis zu dem erstrebten Zweck stehen. Man spricht bei der Angemessenheit auch von **Verhältnismäßigkeit im engeren Sinne**. Der Blick fällt an dieser Stelle auf die sogenannte Zweck-Mittel-Relation. Es findet eine Abwägung der betroffenen Rechtsgüter statt.

Eine **Verhältnismäßigkeitsprüfung** haben wir bereits oben zum gesetzlichen Verbot im „Sonnenstudio-Fall" dargestellt (Seiten 189 ff, 191). Dort stand die Prüfung allerdings in verfassungsrechtlichem Zusammenhang. In der Sache macht das keinen Unterschied.

3. Ermessensfehler

Ermessensfehler treten in drei Kategorien auf, nämlich als **Ermessensnichtgebrauch**, als **Ermessensfehlgebrauch** und als **Ermessensüberschreitung**.

a. Ermessensnichtgebrauch

Ein Ermessensnichtgebrauch (auch Ermessensunterschreitung genannt) liegt vor, **wenn die Behörde entgegen § 40 VwVfG überhaupt kein Ermessen ausübt**.

Dazu ein kleiner Fall:

? Gastwirt G beantragt die Sondernutzung des zu einer öffentlichen Straße gehörenden breiten Gehwegs in Eberswalde (Brandenburg). Er will dort einige Tische und Stühle aufstellen, ohne den Fußgängerverkehr zu behindern. Die zuständige Behörde erteilt die Erlaubnis nicht. In dem Bescheid heißt es, dass Sondernutzungen öffentlicher Straßen „in Brandenburg generell nicht zulässig" seien.

§ 18 des Brandenburgischen Straßengesetzes (BbgStrG) lautet auszugsweise: *Abs. 1: Die Benutzung der Straße über den Gemeingebrauch hinaus ist Sondernutzung. Sie bedarf der Erlaubnis ... Abs. 2: ... Über die Erteilung der Erlaubnis nach Absatz 1 ist nach pflichtgemäßem Ermessen zu entscheiden.*

! Eben dieses Ermessen hat die Behörde hier überhaupt nicht ausgeübt, weil sie – dem Gesetzeswortlaut zum Trotz – davon ausgegangen ist, dass Sondernutzungen generell nicht zulässig seien. Bei der Behörde hat man also gar nicht erkannt, dass insoweit Ermessen ausgeübt werden muss. Man hat kein Ermessen ausgeübt, sodass ein Ermessensfehler in Form des Ermessensnichtgebrauchs vorliegt.

b. Ermessensfehlgebrauch

Ein Ermessensfehlgebrauch (auch Ermessensmissbrauch genannt) liegt vor, **wenn entgegen § 40 VwVfG sachwidrige Gesichtspunkte berücksichtigt werden**.

Teil 5: Grundlagen des öffentlichen Rechts

Hierzu ein Fortsetzungsfall, den wir (verkürzt) bereits oben beim allgemeinen Gleichheitssatz gebracht haben:

? Gastwirt G nutzt seit Jahren mit entsprechender Sondernutzungserlaubnis den öffentlichen Bürgersteig vor seiner Gaststätte in Lübben (Brandenburg), um dort Tische und Stühle aufzustellen. Nun möchte er in diesem Bereich einen für die gewerbliche Nutzung zugelassenen Gasheizstrahler (Heizpilz) aufstellen. Die Erlaubnis für das Aufstellen eines Heizpilzes wird jedoch von der Behörde abgelehnt, weil dem „überwiegende öffentliche Belange" entgegenstünden. Konkret stellt die Behörde auf Belange des Klimaschutzes ab. Diese seien durch den Kohlenstoffdioxidausstoß von 3,5 kg pro Stunde beeinträchtigt. G sieht sich gegenüber den Gastwirten benachteiligt, die auf privatem Grund ohne Weiteres Heizpilze betreiben dürfen.

§ 18 des Brandenburgischen Straßengesetzes (BbgStrG) lautet auszugsweise: *Abs. 1: Die Benutzung der Straße über den Gemeingebrauch hinaus ist Sondernutzung. Sie bedarf der Erlaubnis ... Abs. 2: ... Über die Erteilung der Erlaubnis nach Absatz 1 ist nach pflichtgemäßem Ermessen zu entscheiden.*

Was ist von der Ermessensausübung der Behörde zu halten? (vereinfacht nach OVG Berlin-Brandenburg, Urteil vom 03.11.2011, OVG 1 B 65/10 / diese Entscheidung betrifft allerdings einen Fall aus Berlin und damit § 11 BerlStrG, der sich inhaltlich von den meisten anderen Landesregelungen zur Sondernutzung öffentlicher Straßen unterscheidet)

! Es könnte sich um einen Fall des Ermessensfehlgebrauchs handeln, wenn nämlich der Klimaschutz ein im Zusammenhang mit dem Straßennutzungsrecht sachwidriger Gesichtspunkt wäre. Nach § 40 VwVfG ist das Ermessen nicht anhand allgemein nützlicher und im öffentlichen Interesse liegender Zwecküberlegungen auszuüben, sondern *entsprechend dem Zweck der Ermächtigung*. Nach dem Zweck des Straßennutzungsrechts könnte es dabei insbesondere um Auswirkungen auf die Sicherheit und Leichtigkeit des Verkehrs, konkrete Beeinträchtigungen der Anlieger und Ähnliches gehen. Der Klimaschutz ist hingegen ein allgemein ordnungsrechtlicher Aspekt, der nicht dem Straßennutzungsrecht entspringt. Das spricht hier für Ermessensfehlgebrauch. In der genannten OVG-Entscheidung ist zwar ein solcher Ermessensfehlgebrauch verneint worden, dabei haben aber ausdrücklich die Besonderheiten des Berliner Straßengesetzes eine wesentliche Rolle gespielt. Von der Ermessensausübung der Behörde (nach Brandenburgischem Landesrecht, s.o.) ist nicht viel zu halten. Es liegt nahe, wegen der Begründung mit einem sachwidrigen Aspekt einen Ermessensfehler anzunehmen. Dies wäre nämlich ein Ermessensfehlgebrauch.

c. Ermessensüberschreitung

Eine Ermessensüberschreitung liegt vor, **wenn entgegen § 40 VwVfG die Grenzen des Ermessens überschritten werden**.

Im deutlichsten Fall verlässt die Behörde den gesetzlich vorgeschriebenen Rahmen, die Rechtsfolge ist ausdrücklich nicht mehr von der zugrunde liegenden Vorschrift gedeckt:

Teil 5: Grundlagen des öffentlichen Rechts

? Die Behörde setzt ein Zwangsgeld nach § 11 des Verwaltungs-Vollstreckungsgesetzes (VwVG) in Höhe von 3.000 € fest und überschreitet damit die gesetzlich vorgesehene Obergrenze (§ 11 Abs. 3 VwVG).

! Das ist ein klarer Fall der Ermessenüberschreitung, der jedem in diesem Bereich Rechtskundigen geradezu ins Auge springt.

Darüber hinaus zählen aber auch weniger klare und daher in der Praxis häufiger vorkommende Fälle zur Kategorie der Ermessensüberschreitung. Die Rede ist vom weiten Feld der **Verstöße gegen den Verhältnismäßigkeitsgrundsatz** (siehe dazu gesondert Seiten 225 f). Auch wenn sich die Unverhältnismäßigkeit nicht unmittelbar aus dem Gesetz ableiten lässt (wie in dem Beispiel mit dem überhöhten Zwangsgeld), kann eine Ermessensüberschreitung vorliegen:

? Bei der Behörde wird übersehen, dass es ein im Vergleich zu dem tatsächlich gewählten Mittel gleich effektives, aber für den Betroffenen milderes Mittel gegeben hätte.

! Das gewählte Mittel ist dann nicht erforderlich und damit unverhältnismäßig. Die Behörde hat das Ermessen überschritten.

Und was machen die zuständigen Gerichte daraus?

V. Umfang der gerichtlichen Prüfung

Die **Auslegung** von Rechtsbegriffen **auf der Tatbestandsseite einer Norm wird von den Gerichten uneingeschränkt geprüft**. Das gilt grundsätzlich auch für unbestimmte Rechtsbegriffe.

? In § 14 des Ordnungsbehördengesetzes des Landes Nordrhein-Westfalen (OBG NRW) steht auf der Tatbestandsseite *eine im einzelnen Falle bestehende Gefahr für die öffentliche Sicherheit oder Ordnung.*

! Man mag im konkreten Fall darüber streiten, ob eine solche Gefahr besteht oder nicht. Wenn die Behörde die Gefahr sieht und damit den Tatbestand als erfüllt annimmt, kann das mit der Anfechtung befasste Verwaltungsgericht dies gut und gerne anders sehen und zu dem dann zwingenden Ergebnis kommen, dass die Ordnungsverfügung rechtswidrig war.

Eine **Ausnahme** von der grundsätzlich umfassenden Prüfung der Gerichte **auf der Tatbestandsseite** ist der bereits angesprochene **Beurteilungsspielraum**. Hier geht es um Wertentscheidungen der Verwaltung in einmaligen Konstellationen der Entscheidungsfindung (typisches Beispiel sind Prüfungsentscheidungen). In derartigen Ausnahmefällen können die Gerichte die Entscheidung vernünftigerweise nicht nachholen. Die Gerichte prüfen dann ausnahmsweise auf der Tatbestandsebene nur bestimmte Beurteilungsfehler.

Teil 5: Grundlagen des öffentlichen Rechts

Für die **gerichtliche Prüfung von Ermessensentscheidungen** (also auf der Rechtsfolgenebene) gibt es besondere Regeln. Das Gericht übt selbst kein Ermessen aus, sondern beschränkt sich gemäß § 114 VwGO auf eine Rechtskontrolle. Die Entscheidung der Behörde wird **nur auf Ermessensfehler** abgeklopft, die zur Rechtswidrigkeit des Verwaltungshandelns führen können. Systematisch unterscheidet man bei den Ermessensfehlern wie gesehen zwischen Ermessensnichtgebrauch, Ermessensfehlgebrauch und Ermessensüberschreitung (siehe näher Seiten 226 ff).

? Sieht das Gericht die Tatbestandsvoraussetzung für eine Ordnungsverfügung gemäß § 14 des Ordnungsbehördengesetzes des Landes Nordrhein-Westfalen (OBG NRW) nach uneingeschränkter Prüfung als gegeben an (Gefahr / s.o.), prüft es auf der Rechtsfolgenseite die Ermessensausübung der Behörde (vgl. §§ 15, 16 OBG NRW).

! Diese Prüfung beschränkt sich darauf, ob die Behörde Ermessensfehler gemacht hat oder nicht. Das Verwaltungsgericht setzt nicht etwa eigene Zweckmäßigkeitsüberlegungen an die Stelle der Erwägungen der Behörde.

Puh, das war trotz ausgeprägter Schwerpunktsetzung doch schon eine Menge Stoff.

Zur Abrundung kommen wir in Teil 6 auf das Thema „Sprache" zurück.

Teil 6: Kritikwürdige Begriffe und Wendungen

Wir sind bereits in Teil 2 dieses Buchs im dortigen Abschnitt B. grundsätzlich auf **Sprache, Trennschärfe und Verständlichkeit** eingegangen (Seiten 66 ff). Die dort genannten Beispiele und Konstellationen werden hier nicht wiederholt. Insofern ist der alphabetisch aufgebaute Teil 6 eine Ergänzung zur systematischen Darstellung in Teil 2.

Mit diesem Teil 6 wird keine Vollständigkeit beansprucht. Genannt sind nur einige Konstellationen und Beispiele, die in juristischen Fallbearbeitungen erfahrungsgemäß besonders häufig vorkommen:

- Alternativen

Es kann sprachlich korrekt immer nur eine Alternative zu etwas geben, insgesamt dann zwei Möglichkeiten.

Man kann also z.B. bei § 25 Abs. 1 StGB treffend von Alternativen sprechen. Es gibt zwei Möglichkeiten: 1. *Straftat selbst begeht* oder 2. *Straftat durch einen anderen begeht*.

Bei § 267 Abs. 1 StGB tauchen die Tathandlungen der Urkundenfälschung dagegen in drei Varianten auf (also nicht „Alternativen"): 1. das *Herstellen einer unechten Urkunde*, 2. das *Verfälschen einer echten Urkunde* und schließlich 3. das *Gebrauchen einer unechten oder verfälschten Urkunde*.

Teil 6: Kritikwürdige Begriffe

- Berufen auf ...

S kann sich nicht darauf berufen, dass ...

Kann er das wirklich nicht? Doch, er tut es sogar!

Gemeint ist, dass sich S <u>ohne Erfolg</u> oder <u>nicht durchgreifend</u> darauf beruft, ...

Wenn man diesen Ansatz wählt (Geschmacksache), sollte man das besser sauber formulieren.

- Beziehungsweise

Das Wort *beziehungsweise* (abgekürzt *bzw.*) ist weit verbreitet. Es wird aber in aller Regel unpräzise, nämlich im Sinne von *und* oder *oder* eingesetzt.

Der korrekte Anwendungsbereich für *beziehungsweise* kommt recht selten vor (vgl. auch Seite 148 oben):

Im Stadion gibt es Stehplätze und Sitzplätze. Die Karten kosten 15 beziehungsweise 20 €.

Unser Vorschlag ist, bei *bzw.* immer darauf zu achten, ob man das Wort durch *und* oder *oder* ersetzen kann. Diese Lösung ist allemal präziser und damit besser als das meist verwischende *beziehungsweise*.

- Bürokratenbegriffe

Das Schulbeispiel ist die *Personenvereinzelungsanlage*. Gemeint ist ein Drehkreuz, wie es etwa im Eingangsbereich von Fußballstadien eingesetzt wird.

Wer „der guten Form" halber einen solchen Begriff verwenden will, weil die Sache im Verwaltungsdeutsch nun einmal so bezeichnet wird, sollte wenigstens „übersetzen" und die allgemeinverständliche Bezeichnung zusätzlich nennen (hier *Drehkreuz*).

- Davon ausgehen, dass ... (und ähnliche Formulierungen)

Diese Wendung zieht ins Vage, Unklare. Sie kann alles und nichts bedeuten.

Es ist immer besser, Farbe zu bekennen und klar zu schreiben, was Sache ist.

- Erfolgen

Die Tötung der O ist heimtückisch erfolgt.

Das ist Bürokratenstil (Passivstil), der vor allem dann nervt, wenn er gehäuft vorkommt. Auch hier gilt: Die Dosis macht das Gift.

Die Lösung ist einfach:

O ist heimtückisch getötet worden.

Merkbeispiel für Passivstil: *Das Fangen der Mäuse erfolgt durch Katzen.* (aktiv wäre *Katzen fangen Mäuse.*)

- Evidenzappelle

Evidenzappelle wie *unzweifelhaft* oder *zweifellos* sind Hinweise auf die Eindeutigkeit des Ergebnisses. Das überzeugt nicht.

Teil 6: Kritikwürdige Begriffe

Wenn etwas tatsächlich eindeutig ist, wird dies durch eine kurze sachliche Feststellung des Merkmals deutlich.

Wenn es aber doch „zweifelhaft" ist, hilft der Evidenzappell nicht weiter und wirkt sogar eher peinlich.

- Fremdwörter

Es gilt der alte Satz: *Man soll den Usus der Fremdwörter auf ein Minimum reduzieren!*

- Fundstellen

Fundstellenangaben können sich jedenfalls unmittelbar nur auf abstrakte Aussagen beziehen.

Also nicht:

> *Die Überweisung des B auf das Konto des A hat keine Erfüllungswirkung gemäß § 362 Abs. 1 BGB (ständige Rechtsprechung, u.a. BGH NJW-RR 2008, 1512, 1513 / a.A. Dräger MDR 2012, 1009 ff).*

Der BGH hat unseren Fall nicht entschieden. *Dräger* hat anscheinend zu dem hier passenden Thema geschrieben, nicht aber zu dem konkreten Fall mit den Protagonisten A und B.

Richtig wäre etwa:

> *Die Überweisung des Schuldners auf ein anderes als das vom Gläubiger angegebene Konto hat grundsätzlich keine Erfüllungswirkung gemäß § 362 Abs. 1 BGB (ständige Rechtsprechung, u.a. BGH NJW-RR 2008, 1512, 1513 / a.A. Dräger MDR 2012, 1009 ff).*

Auf diese Weise ist abstrakt das Schuldverhältnis als Bezugspunkt für die Fundstellen beschrieben, nicht A und B in dem konkreten Fall. So passt es also.

- Gelagerte Fälle

Der Fall des BGH war anders gelagert als der hier zu entscheidende Fall.

Fälle „lagern" nicht, sie sind auch nicht gelagert. Ein „Fall-Lager" gibt es nicht.

Unabhängig von dieser sprachbezogenen Kritik ist es in der Regel ratsam, ohne Umschweife auf den Unterschied (oder auch auf die Gemeinsamkeit) zuzusteuern, etwa so:

Der Fall des BGH unterscheidet sich in einem wesentlichen Punkt von dem hier zu entscheidenden Fall. Während dort ... geht es hier um ...

- Herrschende Meinung

Wer die *herrschende Meinung* bemüht, muss sich argumentativ mit Gegenmeinungen auseinandersetzen.

Die Berufung auf die *herrschende Meinung* ist keine Begründung des eigenen Rechtsstandpunkts (siehe Seite 53).

Wer eine rechtliche Argumentation an der einen oder anderen Stelle für unnötig oder übertrieben hält, kann von *allgemeiner Auffassung* sprechen. Das kann man dann aber meist auch gleich weglassen.

Teil 6: Kritikwürdige Begriffe

- Logische Fehler, insbesondere Tautologien

Doppelte Beschreibungen (Tautologien) gibt es in der Umgangssprache häufig:

Das Spiel der deutschen Mannschaft sieht optisch gut aus.

Er schlug ihm mit der geballten Faust ins Gesicht.

In der Rechtsanwendung besteht die Gefahr eher in Tautologien und logischen Ungereimtheiten, die weniger auf der Hand liegen.

Das Betreten des Hubschrauberlandeplatzes ist strengstens verboten.

T hat sich völlig legal verhalten.

Entweder ist etwas verboten oder es ist erlaubt (legal). Wegen des kontradiktorischen Gegensatzes kann es hier keine Abstufungen geben. Die Zusätze *strengstens* und *völlig* sind also nicht nur überflüssig, sondern führen logisch in die Irre (siehe ausführlich Seiten 18 f).

Gegenbeispiel:

Das Verhalten des Diebes ist verboten und strafbar.

Dieser Satz ist logisch richtig, weil nicht jedes verbotene Verhalten auch strafbar ist (siehe Seite 126).

- Mindermeinung

Das ist ein häufiger Begriff, der aber tendenziell abwertend ist und daher besser vermieden werden sollte. Bei *Mindermeinung* schwingen nämlich Bezeichnungen wie „minderwertig" oder „minderbemittelt" mit.

Wenn man unbedingt den „Minder-Aspekt" ins Spiel bringen will, könnte so oder ähnlich ein Schuh daraus werden:

> *... Nach Ansicht einiger weniger Gerichte und Autoren soll es demgegenüber darauf ankommen, dass ...*

- Nicht in Betracht kommen

> *Ein Schadensersatzanspruch aus § 280 Abs. 1 S. 1 BGB kommt nicht in Betracht. Ein solcher Anspruch setzt ein Schuldverhältnis voraus ...*

Das ist sprachlich verunglückt: Man schreibt nur über das, was in Betracht kommt. Je umfangreicher und komplexer die Prüfung ist, desto abwegiger ist die Bemerkung *kommt nicht in Betracht.*

- Offensichtlich

Gerade in juristischen Texten wird das Wort *offensichtlich* gerne im Sinne von *offenbar* eingesetzt.

> *Der Täter hatte offensichtlich die Vorstellung, dass in dem Haus des Opfers wertvolle Schmuckstücke zu finden seien.*

Offensichtlich kann nur sein, was „offen sichtlich" ist.

Richtig wäre beispielsweise

> *Der Sänger trägt offensichtlich eine pinkfarbene Lederhose zu einem knallgelben Hemd mit breitem Kragen. Zudem trägt er ein Brusthaartoupet und eine Fönwelle. Er hat offen-*

Teil 6: Kritikwürdige Begriffe

bar [hier eben nicht „offensichtlich"] *einen ungewöhnlichen Geschmack.*

- Scheinbar

Vorsicht mit *scheinbar*. Oft ist bei näherer Betrachtung „anscheinend" gemeint. Dann sollte man es aber auch so schreiben.

Wenn es beispielsweise heißt

T war scheinbar zur Tat entschlossen.

bedeutet dies sprachlich korrekt, dass er in Wahrheit gerade nicht entschlossen war.

- Schiefe Bilder

Für dieses Phänomen gibt es unzählige Beispiele.

Die Vorgänge haben sehr kritische Kommentierungen gefunden. (Christian Wulff)

Haben die „Vorgänge" danach gesucht? Das Bild wäre etwa so gerade zu rücken:

Die Vorgänge sind auf sehr kritische Kommentierungen gestoßen.

Auch das ist nicht schön! Wie so oft liegt die sprachliche Lösung im Einfachen:

Mein Verhalten ist sehr kritisch kommentiert worden.

Kurz, knapp, klar, wahr!

- Vorliegend

Das ist sprachlich unschön (typischer Bürokratenstil!), vor allem aber fast immer überflüssig. Es drängt sich die Frage auf: Wo sonst?

Nur ausnahmsweise kann *vorliegend* sinnvoll sein, wenn nämlich zwei Fälle konkret miteinander verglichen werden (denkbar selten).

Also: *Vorliegend* weglassen!

- Wohl

Dieses Wörtchen ist immer Ausdruck von Unsicherheit: Wer *wohl* sagt, dem ist unwohl.

- Ziffer

Unterscheide die Begriffe *Ziffer* einerseits und *Zahl* oder *Nummer* andererseits.

Ziffer bedeutet „Zeichen", es gibt im sog. arabischen Zahlensystem nur 10 Ziffern, nämlich 0 bis 9.

Eine Zahl oder Nummer kann entweder aus nur einer Ziffer oder aber aus mehreren Ziffern bestehen (ab der Zahl 10 mehrere Ziffern).

Sprachlich richtig sollte es also beispielsweise *§ 437 Nr. 1 BGB* heißen, nicht „Ziff. 1". Noch deutlicher wird es im zweistelligen Bereich: Es sollte z.B. *§ 204 Abs. 1 Nr. 14 BGB* heißen, nicht „Ziff. 14".

Teil 6: Kritikwürdige Begriffe

- Zwischenzeitlich

Das Modewort *zwischenzeitlich* wird meist im Sinne von „inzwischen" gebraucht:

> *E hat zwischenzeitlich sein Eigentum an K verloren.*

Das ist missverständlich. Man kann *zwischenzeitlich* nämlich die Bedeutung der rückblickenden Beschreibung eines nur vorübergehenden, nicht mehr aktuellen Zustands entnehmen (in Abgrenzung von „inzwischen"):

> *Der Hochspringer war zwischenzeitlich verletzt. Zu den olympischen Spielen ist er aber wieder fit.*

Wer also „inzwischen" meint, sollte besser nicht das seit einiger Zeit inflationär gebrauchte *zwischenzeitlich* verwenden.

So Leute, das war's im Groben ...

Mithilfe dieses Basisbuchs kann eine gute Betriebstemperatur für vielfältige Reisen durch die Juristenwelt erreicht werden.

Wir hoffen, dass die Übung gelungen ist.

Sachverzeichnis

*Das Verzeichnis bezieht sich auf die jeweiligen **Seitenzahlen** !!!*

Sachverzeichnis

Das Verzeichnis bezieht sich auf die jeweiligen <u>Seitenzahlen</u> !!!

Sachverzeichnis

Das Verzeichnis bezieht sich auf die jeweiligen Seitenzahlen !!!

Sachverzeichnis

Das Verzeichnis bezieht sich auf die jeweiligen <u>Seitenzahlen</u> !!!

Sachverzeichnis

*Das Verzeichnis bezieht sich auf die jeweiligen **Seitenzahlen** !!!*

Spaß auf die Seite ...

Bisher im Fall-Fallag erschienen:

Dräger / Rumpf-Rometsch
Das Recht
Ein Basisbuch
Zivilrecht, Strafrecht,
Öffentliches Recht

Rumpf-Rometsch
Die Fälle
BGB AT
Allgemeiner Teil

Dräger / Rumpf-Rometsch
Die Fälle
Strafrecht AT
Allgemeiner Teil

Rumpf-Rometsch
Die Fälle
BGB Schuldrecht AT
Unmöglichkeit, Verzug,
Pflichtverletzung vor/im Vertrag

Dräger / Rumpf-Rometsch
Die Fälle
Strafrecht BT 1
Nichtvermögensdelikte

Rumpf-Rometsch
Die Fälle
BGB Schuldrecht BT 1
Mängelhaftung

Dräger / Rumpf-Rometsch
Die Fälle
Strafrecht BT 2
Vermögensdelikte

Rumpf-Rometsch / Dräger
Die Fälle
BGB Schuldrecht BT 2
GoA, Deliktsrecht und
Bereicherungsrecht

Rumpf-Rometsch u.a
Die Fälle
Verwaltungsrecht
Klagearten und
Allgemeines Verwaltungsrecht

Rumpf-Rometsch / Dräger
Die Fälle
BGB Sachenrecht 1
Mobiliarsachenrecht
Grundlagen

Rumpf-Rometsch
Die Fälle
Grundrechte
Verfassungsbeschwerde
und mehr

Rumpf-Rometsch
Die Fälle
BGB Sachenrecht 2
Immobiliarsachenrecht
Grundlagen

**Die jeweils aktuellen Auflagen, ISBN,
Preise, Neuerscheinungen, Infos,
Leseproben und und und ...**

www.fall-fallag.de

Der

macht

Licht